생활 속
한국 문화 기기

머리말

〈생활 속 한국 문화 77〉은 한국어를 사랑하고, 또 한국어를 배우는 외국인 학생들을 아끼는 사람들이 모여, 어떻게 하면 외국인 학생들이 한국 문화를 쉽고 재미있게 배울 수 있을까를 함께 생각하다 쓰게 된 책이다. 〈생활 속 한국 문화 77〉은 한국 사람이 소개하는 한국 문화가 아니라 외국인 친구가 한국에서 생활하면서 경험한 이야기를 읽으면서 친근한 친구의 목소리를 통해 한국 문화를 하나씩 경험해 갈 수 있기를 바라며 쓴 책이다.

〈생활 속 한국 문화 77〉에서는 모두 77개의 한국 문화를 한국에서 생활하는 두 외국인의 입장에서 그들의 일상을 통해 소개하고 있다. 한국어능력시험 중급 수준이라면 사전 없이 읽을 수 있는 글로 삽화를 통해 이야기를 한눈에 볼 수 있는 데다가 주요 어휘는 영어, 일본어, 중국어 번역을 제시하여 내용을 이해하는 데 큰 어려움이 없게 했다.

〈생활 속 한국 문화 77〉은 외국인 친구들이 겪은 새롭고 재미있는, 때로는 놀랍고 당황스러운 한국 문화를 친구들의 이야기를 통해 하나씩 경험해 나가면서 한국의 문화를 이해하기를 바라며 쓴 책이다. 〈생활 속 한국 문화 77〉은 순서에 상관없이 출퇴근길 지하철 안에서, 카페에서 친구를 기다리면서, 잠들기 전 잠자리에서 읽어도 좋다. 〈생활 속 한국 문화 77〉에는 외국인들이 언제, 어디서든 편안하게 읽으면서 한국 문화를 더 잘 알게 되고, 한국을 조금 더 잘 이해하게 되고, 그래서 한국을 조금 더 가깝게 생각하기를 바라는 저자들의 바람을 담았다.

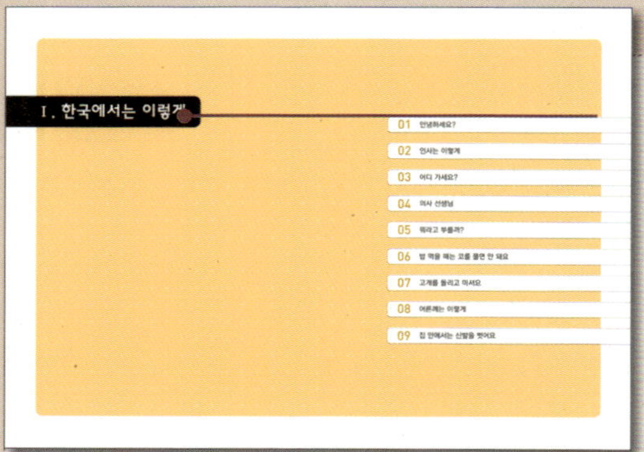

▶ 7개의 문화 주제

Ⅰ. **한국에서는 이렇게**: 한국에서의 인사법, 호칭, 식사 예절 등 한국의 예의에 대해 다루고 있다.

Ⅱ. **일상생활**: 회식, 도장 등 일상생활 속에서 쉽게 볼 수 있는 생활 문화에 대한 내용을 다루고 있다.

Ⅲ. **바라는 마음, 금하는 마음**: 돼지꿈, 합격 기원 찹쌀떡, 엘리베이터에 4층 표시가 없는 것과 같이 생활 속의 바람과 금기에 대해 다루고 있다.

Ⅳ. **즐기며 축하하며**: 한턱내기, 떡 돌리기, 선물 문화 등 자신이 즐거운 일을 맞거나 혹은 다른 사람을 축하할 때의 문화에 대해 다루고 있다.

Ⅴ. **일 년 중 특별한 날**: 명절과 풍습, 한국 공휴일의 의미 등에 대해 다루고 있다.

Ⅵ. **요람에서 무덤까지**: 돌잔치, 군대, 결혼 등 한국 사람이 일생을 살면서 겪게 되는 일들의 의미와 문화에 대해 다루고 있다.

Ⅶ. **말없이 말하기**: 숫자 세기, 약속하기, 이모티콘 등 한국 사람들이 많이 사용하는 몸짓 언어에 대해 다루고 있다.

▶ 77개의 생활 문화

인사부터 몸짓 언어까지 한국의 일상 문화 77개가 제공된다.

▶ 이해를 돕는 만화

쉽고 재미있는 만화를 통해 내용에 대한 이해를 돕는다.

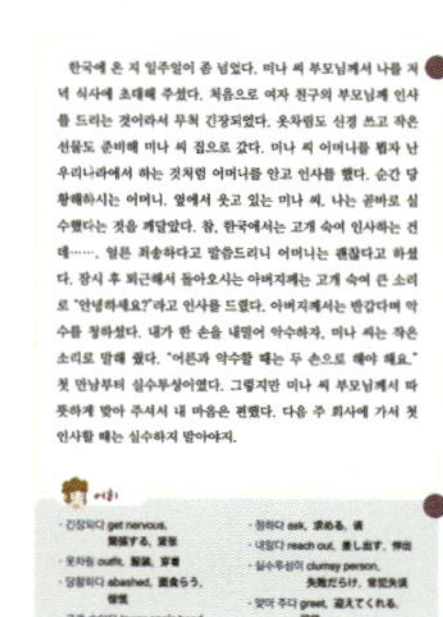

▶ 한국 문화 체험담

외국인들이 한국에서 생활하면서 겪었던 체험을 친근한 친구의 목소리를 통해 경험할 수 있도록 중급 수준의 쉬운 글로 구성하였다.

▶ 이해를 돕는 어휘

사전 없이도 읽을 수 있도록 내용 이해에 필요한 어휘를 영어, 일본어, 중국어로 번역하여 제시하였다.

▶ 다양한 문화 정보

체험담으로 구성된 본문과 관련하여 추가 정보가 더 필요한 경우 구체적인 정보를 제공하고 있다.

▶ 사진

문화적 특성이 강해 번역만으로는 이해되기 어려운 맡을 사진으로 제시하였다.

한국어를 배우면서 한국어의 매력에 빠졌고, 지금은 한국에서 대학원에 다니고 있다. 한국에서 생활하면서 한국 문화와 일본 문화는 비슷한 점이 많은 만큼 다른 점도 많다는 것을 알게 됐다. 나는 한국에서 살면서 알게 된 한국 문화를 일본 사람들에게 알려 주고 싶고 한국 사람들에게도 일본 문화를 알려 주고 싶다.

미국 본사에서 한국 지사로 발령받아 한국에 오게 됐다. 한국어를 배우고 한국에서 직장 생활을 하면서 미국과는 다른 한국에 대해 조금씩 알아 가는 재미에 빠졌다. 아직 한국 문화를 잘 모르는 외국인들에게 때로는 흥미롭고, 때로는 당황스러웠던 한국의 일상 문화를 알려 주고 싶다.

차례

Ⅵ 요람에서 무덤까지 · 138

Ⅶ 말없이 말하기 · 166

Ⅰ. 한국에서는 이렇게

01 안녕하세요?

　　한국에 온 지 일주일이 좀 넘었다. 미나 씨 부모님께서 나를 저녁 식사에 초대해 주셨다. 처음으로 여자 친구의 부모님께 인사를 드리는 것이라서 무척 긴장되었다. 옷차림도 신경 쓰고 작은 선물도 준비해 미나 씨 집으로 갔다. 미나 씨 어머니를 뵙자 난 우리나라에서 하는 것처럼 어머니를 안고 인사를 했다. 순간 당황해하시는 어머니. 옆에서 웃고 있는 미나 씨. 나는 곧바로 실수했다는 것을 깨달았다. 참, 한국에서는 고개 숙여 인사하는 건데……. 얼른 죄송하다고 말씀드리니 어머니는 괜찮다고 하셨다. 잠시 후 퇴근해서 돌아오시는 아버지께는 고개 숙여 큰 소리로 "안녕하세요?"라고 인사를 드렸다. 아버지께서는 반갑다며 악수를 청하셨다. 내가 한 손을 내밀어 악수하자, 미나 씨는 작은 소리로 말해 줬다. "어른과 악수할 때는 두 손으로 해야 해요." 첫 만남부터 실수투성이였다. 그렇지만 미나 씨 부모님께서 따뜻하게 맞아 주셔서 내 마음은 편했다. 다음 주 회사에 가서 첫 인사할 때는 실수하지 말아야지.

어휘

- 긴장되다 get nervous, 緊張する, 紧张
- 옷차림 outfit, 服装, 穿着
- 당황하다 be embarrassed, 面食らう, 惊慌
- 고개 숙이다 lower one's head, 頭を下げる, 低下头
- 청하다 extend one's hand, 求める, 请
- 내밀다 reach out, 差し出す, 伸出
- 실수투성이 be full of mistakes, 失敗だらけ, 常失误的人
- 맞아 주다 greet, 迎えてくれる, 迎接

02 인사는 이렇게

> ▷ 어른을 만나거나 헤어질 때는 어떻게 인사를 할까?

▶ 허리를 굽혀 인사를 한다.

> ▷ 친구나 친한 직장 동료와 헤어질 때는 어떻게 인사를 할까?

▶ 여자는 보통 손을 흔들며 인사를 하고 남자는 손을 들어 인사를 한다.

▶ 왼손으로 오른손을 받치고 허리를 굽히면서 악수를 한다.

▶ 처음에는 '안녕하세요?'라고 인사하고 그 이후에는 가볍게 고개만 숙여 인사를 한다.

03 어디 가세요?

　　한국에 온 지 얼마 안 되었을 때, 나는 한국 사람들이 다른 사람의 개인적인 일에 너무 관심이 많다고 생각했다. 나이가 몇 살인지, 결혼을 했는지는 기본이고, 볼 때마다 어디 가는지까지 물어본다. 아침에 나갈 때면 하숙집 아주머니도 "어디 가요?" 하고 물으시고, 학교에서 마주친 친구들도 나를 보면 "어디 가?" 하며 계속 물어봤다. 왜 내가 어디 가는지가 궁금하지? 오늘도 어김없이 한 친구가 또 "어디 가?"라고 묻는다. 그래서 도대체 왜 궁금해 하는지 물어봤다. 그런데 내가 어디 가는지가 궁금해서 물어보는 게 아니란다. 같은 '어디 가세요?'라는 말도 억양에 따라 완전히 다른 말이 된다. '어디'라는 부분이 강조가 되면 장소를 물어보는 말이지만, '가세요'라는 부분이 강조가 되면 '안녕하세요?'라는 인사말이 된다고 한다. 그래서 그럴 때는 대답할 때도 '아, 네.' 정도로만 말하는 것이 좋다고 한다. 다른 사람들은 나한테 인사한 것인데, 나는 묻지도 않은 질문에 일일이 대답한 것이었다. 아, 정말 한국어 공부는 끝이 없다.

어휘

- 개인적 personal, 個人的, 个人的
- 기본 basis, 基本, 基本
- 마주치다 come across, 出くわす, 相碰
- 어김없이 without fail, 決まって, 肯定
- 도대체 what on earth, 一体, 到底
- 억양 intonation, イントネーション, 语调
- 강조 emphasis, 強調, 强调
- 일일이 explain in detail, いちいち, 一个一个地

04 의사 선생님

　　이틀 전부터 아팠던 목이 오늘 아침에는 말을 할 수 없을 정도가 되었다. 한국에 온 뒤로 병원에 가 본 적이 한 번도 없었다. 그래서 망설여졌지만 점점 더 심해지는 것 같아서 병원에 갔다. 간호사에게 이름, 주소 등을 말하고 내 차례가 오기를 기다렸다. 5분쯤 기다렸을까? 내 이름을 부르는 소리를 듣고 진료실로 들어갔다. 의사는 나를 진찰하더니 목이 많이 부었으니까 주사를 맞으라고 했다. 주사라는 말에 깜짝 놀라 주사 대신 약을 먹겠다고 말하고 싶었다. 그런데 의사를 뭐라고 불러야 하지? 한국 드라마에서 보니까 여자들이 남자를 '오빠'라고 부르던데 그럼 의사도 '오빠'라고 불러야 하나? 아니면 아저씨? 아, '님'을 붙여서 부르면 높이는 의미가 있으니까 '의사님'으로 부르는 게 좋겠구나. 그래서 나는 "의사님, 주사 맞는 대신 약을 먹으면 안 돼요?" 하고 말했다. 그러자 의사는 재미있다는 듯이 웃더니 알겠다고 했다. 왜 웃었을까? 집에 와서 하숙집 아주머니한테 물어봤다. 의사는 '선생님'이라고 불러야 한다고 하셨다. 학교 선생님처럼 의사도 선생님이구나. 의사 선생님. 다음에는 그렇게 불러야지.

- 망설이다 hesitate, 迷う, 犹豫
- 차례 turn, 順番, 順序
- 진료실 consultation room, 診療室, 诊疗室
- 진찰하다 examine, 診察する, 诊察
- 붓다 swell, 腫れる, 肿
- 주사를 맞다 get an injection, 注射をしてもらう, 打针

05 뭐라고 부를까?

▷ **결혼한 것처럼 보이는 여자, 남자를 뭐라고 부를까?**

▶ 여자는 아주머니, 남자는 아저씨라고 부른다.

자주 가는 식당 아주머니나 하숙집 아주머니처럼 친한 아주머니에게는 '이모'라고 부르기도 한다. 이 말은 자주 들을 수는 있지만 어법에는 맞지 않는다.

▷ **나이가 비슷하나 친하지 않은 사람은 어떻게 부를까?**

▶ '이름+씨' 라고 부른다.

▶ 교수, 기사, 판사, 변호사 등의 직업은 '직업+님'으로 부른다.

의사는 '의사님'이라고 부르지 않고 '의사 선생님'이라고 부른다.

▶ 자신보다 높은 직급의 사람은 '직함+님'으로 부르고, 자신보다 낮거나 같은 직급의 사람은 '성+직함'으로 부른다.

06 밥 먹을 때는 코를 풀면 안 돼요

또 야근이다. 저녁을 먹고 들어와서 계속해야 할 것 같다. 그래서 동료들과 함께 모두 회사 구내식당으로 갔다. 오늘 저녁 메뉴는 얼큰한 김치찌개! 우리는 테이블에 앉아서 과장님이 식사를 시작하시기를 기다렸다. 한국에서는 윗사람이 먼저 수저를 든 다음에 아랫사람이 수저를 드는 것이 예의라고 한다. 과장님이 수저를 드시자 나를 비롯한 다른 동료들도 수저를 들고 밥을 먹기 시작했다. 나는 젓가락질에도 자신이 있다. 그리고 한국의 식사 예절도 잘 알고 있다. 숟가락과 젓가락을 같이 들거나 그릇을 들고 먹으면 안 된다는 것까지도 잘 알고 있다. 처음에는 젓가락질도 잘 못하던 내가 식사 예절도 잘 알게 되었다는 생각에 내심 뿌듯해졌다. 아, 그런데 김치찌개는 진짜 미워! 적응이 안 돼! 콧물이 다 나온다. 나는 휴지를 뽑아 있는 힘껏 '흥' 하고 코를 풀었다. 그러자 밥을 먹고 있던 과장님과 동료들이 모두 나를 쳐다봤다. 당황스러워하는 나에게 김 대리는 작은 목소리로 "한국에서는 밥을 먹다가 코를 풀면 안 돼." 하고 말해줬다. 나는 조금 민망해졌다. 아이고, 내가 모르는 한국의 식사 예절이 또 있었구나.

어휘

- 야근 night duty, 残業, 夜班
- 구내식당 cafeteria, 社員食堂, 职工食堂
- 얼큰하다 hot, からい, 辣
- 예의 etiquette, 礼儀, 礼貌
- 비롯하다 including, 初めとする, 以…为首
- 뿌듯하다 feel a sense of satisfaction, 胸がいっぱいだ, 心満意足
- 코를 풀다 blow one's nose, 鼻をかむ, 擤鼻涕
- 민망하다 embarrassed, きまり悪い, 不好意思

07 고개를 돌리고 마셔요

오늘은 대학원에 들어와서 처음으로 교수님들과 학생들이 모두 모여서 개강 파티를 하는 날이다. 개강 파티 장소는 삼겹살집. 나하고 유리를 포함한 신입생들은 교수님들께 인사도 드릴 겸 교수님들께서 앉아 계신 테이블 앞에 나란히 앉았다. 삼겹살이 맛있게 구워질 무렵 교수님께서 직접 맥주를 따라 주셨다. 유리의 차례가 되자 유리는 오른손으로 술잔을 들고 왼손으로 오른쪽 팔꿈치를 받치고 교수님께서 따라 주시는 맥주를 받았다. 아! 어른이 주시는 거니까 두 손으로 술을 받는구나. 나도 오른손으로는 술잔을, 왼손으로는 팔꿈치를 받치고 교수님께서 주시는 맥주를 받았다. 야호! 예의 있게 술 받기 성공! 모두 술잔을 받은 뒤 교수님께서 건배를 외치셨다. 그런데 유리하고 친구들이 모두 고개를 돌리고 술을 마시는 게 아닌가? 내가 당황해서 눈치를 살피고 있으니까 유리가 "어른 앞에서는 고개를 옆으로 돌리고 마셔야 해." 하고 알려 주었다. 한국에는 술 마실 때도 지켜야 하는 예절이 있구나. 역시 예절은 나라마다 다르고 복잡하다.

어휘

- 개강 the opening of a course, 開講, 开讲
- 나란히 in a line, 並んで, 并排
- 무렵 around the time, 頃, 时
- 따르다 fill a glass, 注ぐ, 倒
- 팔꿈치 elbow, ひじ, 胳膊肘
- 받치다 hold up, 支える, 支
- 외치다 shout, 叫ぶ, 喊
- 고개 head, 頭, 头

08 어른께는 이렇게

▶ 어른 앞에서는 팔짱을 끼면 안 된다.

▶ 어른이 계실 때는 다리를 꼬지 않고 바르게 앉는다.

▶ 물건을 드리거나 받을 때는 두 손으로 해야 된다.

▶ 어른 앞에서는 담배를 피우면 안 된다.

09 집 안에서는 신발을 벗어요

　　지난 토요일, 과장님은 얼마 전 미국 본사에서 온 동료와 나를 집으로 초대해 주셨다. 한국 음식도 먹고 한국 집도 구경하고 싶어 하는 우리 마음까지 챙겨 주시는 고마운 과장님. 우리는 와인 한 병을 사 들고 과장님 댁을 찾아갔다. 과장님은 우리를 반갑게 맞아 주셨다. 내가 인사를 하며 과장님께 와인을 드리려는 참이었다. 성격 급한 동료는 신발을 신고 그냥 들어가려는 게 아닌가! "어? 잠깐만!" 나는 동료의 팔을 잡았다. 아무리 한국에 온 지 얼마 안 되었다고 해도 그렇지, 정말 한국에 대해 전혀 아는 게 없는 모양이었다. 하마터면 방 안 여기저기에 발자국이 찍힐 뻔했다. 나는 한국에서 집 안으로 들어갈 때는 신발을 벗고 들어가야 한다는 걸 설명해 주었다. 당황하는 동료를 보니 한국에 처음 왔을 때의 실수들이 생각났다. 덕분에 우리는 저녁 식사 내내 지나간 실수담을 나눌 수 있었다. 내 실수담을 듣더니 과장님은 나중에 책이라도 내는 게 어떻겠느냐고 하셨다. 그러고 보니 정말 혼자서만 알고 있기에는 조금 아깝다는 생각도 든다.

- 본사 the head office, 本社, 总公司
- 챙기다 take care of, 汲み取る, 关怀
- 하마터면 nearly, 危うく, 差一点
- 발자국 footprint, 足跡, 脚印
- 실수담 the story of mistakes, 失敗談, 失误的经历
- 아깝다 too good, もったいない, 可惜
- 생각이 들다 have a fancy that…, 気がする, 觉得

Ⅱ. 일상생활

10 친구끼리는 같이 먹어요

드디어 점심시간. 친구들과 같이 학교 앞 식당으로 달려갔다. 이 식당은 떡볶이가 정말 맛있다고 해서 꼭 한번 와 보고 싶었던 곳이다. 친구들은 떡볶이 하나와 볶음밥 둘을 주문하기로 했다. 어? 우리는 다섯 명인데 왜 음식은 3인분만 주문하지? 다들 다이어트 하나? 나는 많이 먹는데⋯⋯. 잠시 후 큰 접시에 가득 담긴 떡볶이와 푸짐한 볶음밥 두 그릇 그리고 숟가락, 젓가락 다섯 벌이 우리 테이블 위에 놓였다. 음식이 나오자 친구들은 나에게 어서 먹으라고 했다. 음식을 덜어 먹을 접시도 없는데 말이다. 나는 무엇을 어떻게 먹어야 할지 도무지 알 수가 없었다. 그런데 친구들을 보니 아무렇지도 않게 그냥 같이 먹고 있었다. 머뭇거리는 나를 보고 친구들은 한국에서는 친한 사람들끼리 이렇게 음식을 같이 먹는다고 얘기해 주었다. 우리는 친한 친구니까 같이 먹어도 괜찮지 않느냐면서⋯⋯. 음식을 덜지 않고 같이 먹는 것은 어색하지만 친구들이 갑자기 가깝게 느껴졌다. 친해지면 뭐든지 함께 하는 한국 사람의 따뜻한 정이 느껴지는 것 같다.

- 푸짐하다 abundant, たっぷりある, 丰盛
- 벌 set, セット, 双
- 덜다 to take some food on one's plate, 分ける, 盛
- 아무렇지도 않게 casually, 何ともないように, 不当回事
- 머뭇거리다 hesitate, 躊躇する, 犹豫
- 어색하다 awkward, ぎこちない, 不自然
- 정 affection, 情, 情

11 매운 음식을 잘 먹어요

퇴근 후 집으로 가는 길이었다. 점심을 제대로 챙겨 먹지 못해 배가 고팠다. 뭔가 맛있는 걸 먹고 싶어졌다. 뭘 먹을까 생각하면서 걷고 있는데 한 식당 앞에서 사람들이 길게 줄을 서서 기다리고 있는 것이 보였다. 얼마나 맛있으면 저렇게 기다릴까? 나도 한 번 먹어 봐야지. 30분쯤 줄을 서서 기다린 후에야 겨우 식당 안으로 들어갈 수 있었다. 사람들이 맛있게 먹고 있는 것은 새빨간 낙지볶음. 너무 매워 보여서 조금 망설여지긴 했지만 다른 사람들이 맛있게 먹는 모습에 용기를 냈다. 다들 저렇게 맛있게 먹는데 못 먹을 정도로 맵지는 않겠지. 한 젓가락을 집어 입에 넣었다. 그 순간 입안에서 불이 났다. 눈물도 나고 숨 쉬기도 어렵고. 물을 몇 컵이나 마셨지만 그 불을 끌 수는 없었다. 세상에, 이렇게 매운 음식을 어쩌면 저렇게 맛있게 먹을 수가 있을까? 진짜 한국 사람들은 매운 음식을 좋아하는 모양이다. 멕시코와 태국, 인도에서도 매운 음식을 많이 먹는다는데 어느 나라 사람이 더 잘 먹을까 갑자기 궁금해졌다.

 어휘

- 줄을 서다 stand in a row, 並ぶ, 排队
- 겨우 barely, やっと, 好不容易
- 새빨갛다 bright red, 真っ赤だ, 鲜红
- 낙지볶음 panbroiled octopus seasoned with red pepper, ナクチポックン, 炒八爪鱼
- 집다 pick up, 掴む, 夹
- 용기 courage, 勇気, 勇気
- 숨 쉬다 breathe, 息をする, 呼吸
- 세상에 Oh, God!, 何とまあ, 天哪
- 궁금하다 wonder, 気になる, 想知道

한국 젓가락은 무거워요

　　2년 전 한국어를 배우기 위해 한국에 처음 왔을 때의 일이다. 한국에 온 다음 날 아침 식사를 하려고 식탁에 앉아서 젓가락을 들었다. 그런데 나무나 플라스틱으로 만든 우리나라의 젓가락보다 한국의 젓가락은 가늘고 무거워 반찬 집기가 어려웠다. 한동안 식사를 하고 나면 손가락이 아프기까지 했다. 같은 하숙집에 사는 중국인 친구도 한국 젓가락이 중국 것보다 짧고 가늘면서 무거워 익숙하지 않다고 했다. 한국, 중국, 일본은 모두 젓가락을 사용하는 나라이기 때문에 다 똑같을 줄 알았다. 그런데 직접 보니 다른 점도 많았다. 밥은 젓가락으로 먹고 국은 그릇을 들고 마시는 우리나라와 달리, 한국에서는 밥과 국을 모두 숟가락으로 먹는다. 밥과 국을 떠먹기 쉽도톤 한국 숟가락은 속이 깊게 파여 있지 않고 모양이 둥글다. 처음에는 낯설었지만 그런 숟가락으로 밥을 떠먹으니까 오히려 편리하고 좋았다. 내 손을 아프게 했던 한국의 젓가락에도 이제는 익숙해진 것 같다. 식사 후에 손가락도 안 아프고, 반찬도 잘 집을 수 있게 되었으니까 말이다.

 **어휘**

- 가늘다 slim, 細い, 細
- 집다 pick up, 掴む, 夹
- 한동안 for a while, しばらくの間, 一阵
- 떠먹다 spoon up and eat, すくって食べる, 舀着喝汤
- 파이다 be dug, くぼむ, 凹陷
- 모양 shape, 形, 样子
- 둥글다 round, 丸い, 圆圆的
- 낯설다 unfamiliar, 不慣れだ, 陌生

13 체했을 때는 어떻게?

어제저녁에 같이 한국어를 공부했던 친구들을 만나서 삼겹살을 먹었다. 친구들도 오랜만이었지만 삼겹살도 정말 오랜만이었다. 요즘 다이어트를 한다고 며칠째 조금밖에 안 먹었는데 삼겹살을 보니까 도저히 참을 수가 없었다. 그래서 결국 혼자 3인분이나 먹었다. 과식을 해서 그런지 밤부터 속이 안 좋았다. 아무래도 소화제를 먹는 게 좋을 것 같아 하숙집 아주머니께 소화제를 달라고 했다. 그런데 아주머니는 소화제보다 더 좋은 게 있다면서 방으로 들어가셨다. 그게 뭘까? 잠시 후 방에서 나온 아주머니의 손에는 약이 아닌 바늘이 있었다. 체했을 때는 바늘로 손가락을 찔러 피를 뽑으면 금세 낫는다면서 내게 다가오는 아주머니. 아주머니는 살짝 찔러 피만 조금 나오게 하는 거라 아프지 않다고 하셨다. 아주머니의 손에 있는 바늘이 갑자기 커 보인다. 으악! 내 엄지손가락이 큰 바늘에 찔리기 직전 나는 소리치며 겨우 도망쳐 나왔다. "저 이제 배 하나도 안 아파요!"

- 과식 overeating, 食べ過ぎ, 暴食
- 아무래도 anyway, どうも, 不管怎么样
- 소화제 digestive medicine, 消化剤, 消化剂
- 체하다 have an attack of indigestion, 消化不良を起こす, 积食
- 바늘 needle, 針, 针
- 찌르다 prick, 刺す, 刺
- 뽑다 draw, 抜く, 抽出
- 직전 right before, 直前, 之前

14 언제나 어디서나 먹을 수 있어요

친구들과 '서울숲'으로 소풍을 갔다. 오랜만에 자전거도 타고 산책도 하니 기분이 좋았다. 나무 그늘 아래 앉아 이런저런 이야기를 하고 있는데, 한 아주머니가 종이 한 장을 내밀었다. 자세히 들여다보니 치킨 배달 광고지였다. 잠시 후 이번에는 어떤 아저씨가 비슷한 종이를 주고 갔다. 그것은 피자 배달 광고지였다. 이런 곳까지 배달을 해 줄까? 친구들 말로는 한국에서는 배달이 안 되는 곳이 없다고 한다. 바닷가까지도 말이다. 배달되는 음식도 피자, 치킨, 자장면뿐만 아니라 김밥, 돈가스, 찌개 등 매우 다양하다고 한다. 어떤 식당들은 한밤중에는 물론 아침 일찍도 배달을 해 준다고 한다. 광고지를 보니 배가 고파졌다. 우리는 치킨과 피자를 시켜 먹기로 하고 전화를 걸었다. 정확한 주소도 없는데 우리가 있는 이 나무 밑을 잘 찾아올 수 있을까? 30분도 안 되어 아저씨는 우리를 정확하게 찾아냈다. 화창한 날, 전화 한 통만으로 야외에서 음식을 시켜 먹으니 색다른 맛이 느껴졌다.

어휘

- 그늘 shade, 陰, 荫
- 들여다보다 look into, 覗き込む, 仔细看
- 광고지 leaflet, チラシ, 传单
- 다양하다 various, 多様だ, 各种各样
- 한밤중 the middle of the night, 真夜中, 深夜
- 화창하다 sunny, のどかだ, 晴朗
- 야외 outdoor, 野外, 野外
- 색다르다 different, 趣きの違う, 与众不同

빨리빨리

　　드디어 친구들과 밥 먹는 속드가 비슷해졌다. 항상 친구들이 내가 다 먹을 때까지 기다려 줘서 미안했는데……. 한국에 온 지 얼마 안 됐을 때가 생각난다. 아침을 먹으려고 하숙집 친구들과 함께 식탁에 앉았다. 한 반쯤 먹었을 때였다. 같이 먹던 친구들이 하나둘씩 미안하지만 먼저 일어나겠다면서 나가는 것이었다. 나는 아직 반밖에 못 먹었는데 한국 친구, 외국 친구 할 것 없이 다들 어찌나 빨리 먹는지. 먹기 시작한 지 얼마 안 돼 식탁에는 나 혼자만 남겨지고 말았다. 학교에서 친구들과 점심을 먹을 때도 내가 제일 오래 먹었다. 기다려 주는 친구들한테 너무 미안해서 그만 먹겠다고 하고 일어난 적도 있었다. 한국 사람은 밥 먹는 것만 빠른 것이 아니다. 걸음도 빠르고 버스나 지하철을 타는 것도 빠르고, 모든 것이 다 빨랐다. 처음에 나는 모든 것을 빨리빨리 서두르는 한국 문화 때문에 숨이 찼다. 하지만 이렇게 빨리빨리 일을 처리하는 태도가 급속한 경제 성장에도 영향을 주었을 것이다. 그래서 그런지 한국은 인터넷 속도도 정말 빠르다.

 어휘

- 속도 speed, スピード, 速度
- 남겨지다 be left, 取り残される, 剩下
- 숨이 차다 lose one's breath, 息苦しい, 喘息
- 처리하다 handle, 処理する, 処理
- 급속한 rapid, 急速な, 急速
- 경제 economy, 経済, 经济
- 성장 growth, 成長, 增长
- 영향 influence, 影響, 影响

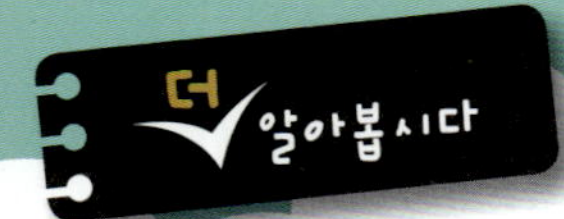

16 빨라요 빨라

▶ 퀵서비스를 이용하면 된다. 퀵서비스는 전화를 걸면 바로 와서 물건을 받아 원하는 곳에 전달해 준다. 퀵서비스는 교통 체증이 심한 도시에서 급하게 물건을 보내야 할 때 유용하다. 오토바이, 지하철 등을 이용해 이동하기 때문이다.

▶ 오전에 인터넷 서점에 주문하면 그날 저녁에 책을 받을 수 있다. 책뿐만 아니라 음반, DVD도 마찬가지다. 주문한 물건을 원하는 지하철역이나 편의점에서 받을 수도 있다.

▶ 요리 시간이 오래 걸리는 한식도 즉석 음식들로 나오고 있다. 죽, 국, 덮밥 등 종류도 다양하고 전자레인지에 데우기만 하면 되니 간단하게 먹을 수 있다.

▶ 수리 센터에 전화만 하면 바로 고칠 수 있다. 원격 서비스로 고쳐 주기도 하고, 수리 기사가 집으로 와서 고쳐 주기도 한다.

17 한 개만 더 주세요

행복과일
귤 10개 3000원
행복과일
귤 10개 3000원
와! 맛있겠다!
아저씨, 귤 3000원 어치만 주세요.
네.
행복과일
귤 10개 3000원
이건 덤이에요.
행복과일
행복과일
감사합니다.

　　한국의 가게 주인들은 인심이 후하다. 과일을 사면 꼭 한두 개씩 더 준다. 한국에 온 지 얼마 안 되었을 때 하숙집 앞에 있는 과일 가게에서 귤을 산 적이 있다. 귤 값은 '10개, 3000원'이라고 쓰여 있었다. 나는 아저씨한테 3000원어치만 달라고 했다. 그런데 아저씨는 내 발음이 이상했는지 "외국 사람이에요? 외국에서도 귤을 많이 먹어요?" 하면서 봉지에 10개가 넘게 담고 있었다. 내 발음이 아직도 이상한가? 나는 분명히 3000원어치라고 했는데, 아저씨는 4000원어치로 들으셨나? 그래서 나는 "어? 아저씨, 저는 3000원어치만 살 거예요." 하고 말했다. 그러자 아저씨는 "네. 3000원어치 맞아요. 덤으로 몇 개 더 넣었어요."라고 말씀하셨다. 나중에 알게 된 사실이지만, 한국에서는 과일이나 채소를 살 때 한두 개를 더 주는데 그걸 '덤'이라고 한다. 시장에서는 물론이고 대형 할인 매장에서도 식품을 살 때는 덤을 주는 모습을 흔히 볼 수 있다. 인정을 느낄 수 있어서 나는 덤이 참 좋다.

어휘

- 인심 benevolent heart, 人の心, 心眼
- 후하다 generous, 厚い, 厚道
- 어치 worth of, 分, 的
- 봉지 plastic bag, 袋, 袋儿
- 덤 complimentary, おまけ, 饶头
- 모습 image, 姿, 様子
- 흔히 usually, よく, 往往
- 인정 benevolence, 人情, 人情

18 집을 구하세요?

　　고향 친구가 한국어를 공부하러 왔다. 내가 처음 한국에 왔을 때는 유리가 하숙집 구하는 일을 도와줬다. 그 덕분에 막막했던 한국 생활을 편안하게 시작할 수 있었다. 이번에는 내가 고향 친구에게 도움을 줄 차례다. 고향 친구가 살 집을 구하러 같이 부동산에 갔다. 친구는 원룸을 구하려고 하는 것 같다. 왜 그러지? 하숙이 좋은데. 하숙집에서 살면 하숙집 아주머니가 아침과 저녁 식사도 해 주고 어떤 집은 빨래까지도 해 주는데. 왜 이런 편한 하숙을 두고 원룸을 구하려고 하지? 그리고 하숙을 하면 한국 사람들과 함께 생활하면서 한국 문화도 쉽게 경험할 수 있는데. 그래서 나는 하숙을 권했지만 친구는 원룸에 살고 싶어했다. 우리 이야기를 듣고 있던 부동산 아저씨는 마침 싸게 나온 원룸 전세는 하나 있다고 했다. 전세는 계약이 끝나면 돈을 돌려받기는 하지만 매달 돈을 내는 대신 빌릴 때 한 번에 많은 돈을 내야하기 때문에 부담스럽다. 아무래도 유학생이니까 매달 돈을 내는 월세가 좋을 것 같다. 내일 다른 부동산에도 가 봐야겠다.

어휘

- 막막하다 be at a loss, 頼るべきところがなく孤独である, 暗淡
- 부동산 real estate, 不動産屋, 房地产
- 원룸 a studio, ワンルーム, 独居
- 권하다 recommend, 勧める, 劝
- 마침 just in time, ちょうど, 正好
- 계약 contract, 契約, 合同
- 돌려받다 get back, 返してもらう, 收回
- 부담스럽다 feel burdened, 負担になる, 负担

19 주소는 넓은 장소부터 써요

▷ 한국에서 주소는 어떻게 쓸까?

▶ 주소를 쓸 때는 큰 단위부터 쓰기 시작한다. 즉 시(도), 구, 동의 순서로 쓴다. 아파트인 경우에는 아파트의 동과 호를 순서대로 쓰고, 건물이나 집일 때는 번지를 쓰면 된다.

보내는 사람
607-060
부산광역시 동래구 온천동 11-3
이 미 나

우표

받는 사람
158-051
서울특별시 양천구 목동 이화아파트 101동 1502호
김 유 리

윗사람이나 친하지 않은 사람에게 편지를 보낼 때는 받는 사람 이름 뒤에 '귀하'라고 쓴다.

▶ 날짜를 쓸 때는 년도를 쓴 다음에 월, 일, 요일의 순서로 쓴다.

유리에게

안녕? 잘 지내지?

나도 잘 지내고 있어.

우리 못 본 지 벌써 6개월이 지났어.

중략

그럼 이만 안녕.

다음에 또 연락할게.

2011년 11월 17일 토요일

미나가

도장 있어요?

나도 도장을 만들기로 했다. 어제 친구가 집을 구하는 것을 도
와주려고 부동산에 같이 갔다. 부동산 아저씨는 다음 주에 계약
하러 올 때 도장을 가지고 오라고 했다. 도장? 도장이 왜 필요하
지? 한국에서는 도장에 빨간 인주를 묻혀서 계약서에 찍어야 계
약이 된다는 것이다. 물론 친구는 외국 사람이니까 도장이 없으
면 서명을 해도 된다고 했다. 그래도 친구는 자기 이름이 새겨진
도장을 기념으로 하나 갖고 싶다고 했다. 그럼 이 기회에 나도 하
나 만들어야지. 도장 가게에 가 보니까 도장은 모양부터 재질까
지 정말 다양했다. 모양은 어떤 것이 좋을까? 동그라미, 타원형,
네모……. 정말 여러 가지가 있네. 어, 상아로 만든 도장도 있네.
희귀한 나무, 상아, 옥 같은 것으로 도장을 만드는 사람들도 있지
만 가격 때문에 보통은 플라스틱이나 나무로 만든다고 한다. 나
는 어떤 도장을 만들까? 기념으로 만드는 것인데 상아로 만들 필
요까지는 없지. 나무나 플라스틱 도장이면 충분하지 않을까? 나
는 동그란 나무 도장을, 친구는 네모난 플라스틱 도장을 만들기
로 했다.

어휘

- 도장 a seal, 印鑑, 图章
- 인주 red stamping ink, 朱肉, 印泥
- 묻히다 dip, つける, 抹
- 서명 signature, サイン, 签名
- 새기다 inscribe, 刻む, 刻

- 재질 the quality of the material, 材質, 材质
- 타원 oval, 楕円, 椭圆
- 희귀하다 rare, 珍しくて貴重だ, 稀有
- 옥 jade, 玉, 玉

회식하면서 더 가까워져요

　　과장님께서 "이번 금요일 저녁엔 아무 약속도 잡지 말아요."라고 하셨다. 웃으면서 동료들이 하는 말. "네! 알겠습니다!" 금요일 저녁에 약속을 잡지 말라는데 왜들 이렇게 좋아하는 거지? 나는 미나 씨와 영화 보러 가려고 했는데. 내 생각을 읽었는지 김 대리가 회식하는 게 싫으냐고 물었다. "회식? 회식이 뭔데?" 그러자 김 대리는 "아, 회식 한 번도 안 해 봤구나!" 하며 웃는다. 회식은 일을 끝내고 회사 동료, 선후배들이 모여 식사도 하고 술도 마시면서 이야기를 하는 자리라고 한다. 회사에서 하기 힘든 이야기도 회식 자리에서는 편하게 할 수 있단다. 이번 기회에 사무실 동료들과 더 가까워질 수 있겠다. 그런데 회식은 어디에서 하나? 김 대리가 그러는데 주로 식당이나 술집에 가고 가끔은 극장, 노래방, 찜질방, 볼링장에 가기도 한다고 했다. 그럼, 이번 회식에 무엇을 하게 될까? 극장에 가나? 볼링장에 가나? 김 대리는 이번 회식에 갈비집에 간다고 했다. 갈비라고? 와, 신 난다! 오랜만에 갈비 실컷 먹을 수 있겠다.

어휘

- 회식 dining after work,　会食,　聚餐
- 선후배 seniors and juniors,
　　　　先輩後輩,　先辈和后辈
- 주로 mostly,　主に,　主要
- 찜질방 sauna,　チムジルバン,　桑
　　　拿浴室

- 볼링장 bowling alley,
　　　　ボーリング場,　保龄球馆
- 신 나다 be elated,
　　　　うきうきする,　开心
- 실컷 heartily,　存分に,　尽情

노래방? 만화방? 찜질방?

오랜만에 한국어를 같이 공부했던 친구들을 만나서 삼겹살로 저녁을 먹었다. 저녁 메뉴는 만장일치로 삼겹살이었는데 그 다음이 문제였다. 우리는 가고 싶은 곳이 도두 달랐다. 언어교육원 가수로 통했던 수잔은 노래방에 가서 최신 가요를 모두 불러 보자고 했다. 아무래도 미리 연습을 좀 해 온 모양이다. 한국 드라마에 빠져 있는 티엔은 만화방에 가서 만화책을 보자고 했다. 요즘 인기 있는 한국 드라마는 원작이 모두 만화라면서. 재미있는 만화책도 보고 한국어도 공부하고. 일석이조라나 뭐라나? 그렇지만 나는 찜질방에 가고 싶은데. 찜질방에서 수다를 떨면서 땀을 빼면 살도 빠진다는데. 이거야말로 일석이조 아니야? 30분이 넘도록 우리는 의견 일치를 보지 못했다. 노래방, 만화방, 찜질방. 어디를 가야 하나? 이러다가는 아무 데도 못 가게 될 것 같다. 그때 우리 눈에 띈 간판. 바로 저기다! 노래방과 만화방이 있는 찜질방. 아이디어 한번 기막히다. 찜질방에서 노래도 하고 만화도 볼 수 있다니……. 드디어 우리는 의견 일치를 보았다.

어휘

- 만장일치 unanimity, 満場一致, 全体一致
- 만화방 comics shop, 漫画喫茶, 漫画屋
- 원작 original work, 原作, 原著
- 일석이조 Killing two birds with one stone, 一石二鳥, 一石二鸟
- 찜질방 sauna, チムジルバン, 桑拿浴室
- 수다를 떨다 flap one's chops, おしゃべりをする, 聊天
- 의견 일치를 보다 reach an agreement, 意見を一致させる, 达成一致意见
- 눈에 띄다 be noticed, 目につく, 显眼

23 얼음! 땡!

날씨가 하도 좋아서 유리와 함께 내가 사는 하숙집 근처 공원
에 들렀다. 유리와 공원에 들어서자 초등학교에 다니는 하숙집
막내딸이 서 있는 것이 보였다. 내가 한국말을 잘 못했을 때 한국
말을 가르쳐 준 선생님이자 나의 가장 친한 꼬마 친구이다. 나는
반가운 마음에 이름을 부르면서 손을 흔들었다. 그런데 그 꼬마
친구는 나를 쳐다보지 않았다. 내 목소리를 못 들었나? 나는 가까
이 가서 말을 걸었다. 그런데 도대체 무슨 일이지? 인사는커녕 쳐
다보지도 않는다. 코앞에 내 얼굴을 들이밀었다. 그런데도 나와
는 눈도 마주치지 않고 마치 마네킹처럼 서 있었다. 그때였다. 어
디선가 나타난 한 아이가 "땡!" 하면서 서 있었던 아이의 어깨를
쳤다. 그러자 그 꼬마 친구는 "언니, 미안! 나 얼음땡하고 있어."
하면서 쏜살같이 뛰어가 버렸다. 얼음땡? 그게 뭐지? 유리는 "아
까는 '얼음'이라서 움직이지 못하다가 지금 '땡' 해 주니까 움직이
는 거야. 그게 '얼음땡' 놀이야."라고 했다. 아, 아까는 '얼음'이라
서 인사도 못했구나.

어휘

- 들르다 come over,
  立ち寄る, 順便去
- 꼬마 kid, ちびっこ, 小家伙
- 손을 흔들다 wave one's hand,
  手を振る, 揮手
- 쳐다보다 look at, 見上げる, 看
- 들이밀다 shove in,
  突っ込む, 向里推

- 마네킹 mannequin,
  マネキン, 人体模型
- 얼음땡 a kind of children's game,
  こおり鬼, 戏的一种
- 쏜살같이 like an arrow,
  矢のごとく, 飞逝

24 아이들은 오래전부터 이런 놀이를 해 왔어요

▷ **한국의 아이들은 오래전부터 어떤 놀이를 해 왔을까?**

▶ 고무줄놀이: 주로 여자아이들이 하는 놀이이다. 노래를 부르며 고무줄을 여러 가지 방법으로 넘는다.

▶ 말뚝박기: 주로 남자아이들이 하는 놀이이다. 두 편으로 나눈 후 가위바위보를 해서 진 팀이 말이 된다. 상대편은 뛰어와 말 등에 올라탄다. 이때 말이 무너지면 진다. 모두 올라탈 때까지 말이 무너지지 않았으면 가위바위보를 한다.

▶ 공기놀이: 다섯 개의 공기알을 던지고 받는 놀이이다. 예전에는 주로 여자아이들이 했지만 요즘은 남자아이들도 많이 한다.

▶ 얼음땡: 한 명이 술래가 되고 남은 아이들은 도망친다. 술래에게 잡힐 것 같을 때 '얼음'이라고 하면 술래는 잡을 수 없다. 얼음이 된 아이는 다른 아이가 '땡'을 해 줄 때까지 얼음처럼 움직이지 않고 서 있어야 한다. 모든 아이가 다 얼음을 하게 되거나 누군가가 술래에게 잡히면 술래가 바뀐다.

25 대한민국!

학교 가는 길에 사람들이 빨간 티셔츠를 입고 모여 있는 것을 봤다. 오늘이 한국 축구 경기가 있는 날인가? 학교에 가 보니 친구들도 빨간 티셔츠를 입고 나타난 것이 아닌가. 축구 경기를 응원하려고 모두 빨간색 티셔츠를 입은 것이라고 했다. 문득 2002년 한일 월드컵 때가 생각났다. 월드컵 때 거리는 온통 빨간색 티셔츠를 입은 사람들로 가득했다. 한국인의 월드컵 응원 모습은 정말 놀라웠다. 대한민국 전체가 붉게 물든 것 같았다. 수백만 명의 시민들이 시청 앞 광장과 광화문 거리에서 모두 빨간색 옷을 입고 '오, 필승 코리아!'를 외치며 응원을 하고 있었다. 전 국민의 20퍼센트 정도가 응원에 참여했다니 대단하다. 한국인의 열광적인 응원 모습에서 나는 한국 사람들의 흥과 축구에 대한 열정을 느낄 수 있었다. 게다가 경기가 끝나고 나서 쓰레기를 치우고 가는 질서 정연한 모습이 인상적이었다. 국민들의 열띤 응원 덕분이었을까? 한국은 처음으로 4강까지 진출할 수 있었고 2002년은 한국인들에게 잊지 못할 한 해가 되었다.

어휘

- 응원하다 cheer, 応援する, 给……加油
- 물들다 be dyed, 染まる, 染
- 광장 plaza, 広場, 广场
- 열광적인 enthusiastic, 熱狂的な, 狂热
- 흥 fun, 興, 兴致
- 열정 passion, 情熱, 热情
- 질서 정연 orderliness, 秩序整然, 整整齐齐
- 진출하다 advance, 進出する, 进入

26 봄에는 꽃 축제를

　　하숙집 대문 앞에는 목련이 탐스럽게 피어 있고, 학교 건물 뒤편에는 매화꽃이 은은하다. 뒷동산에는 노란 개나리와 분홍 진달래가 온 세상을 색색으로 물들이고 있다. 벚꽃이 활짝 핀 가로수 길은 눈이 부시다. 한국에서는 봄에 유난히 꽃 축제가 많다. 매화, 산수유, 철쭉, 벚꽃, 유채꽃처럼 산이나 들에 피어 있는 꽃들을 보고 즐기는 축제도 있고, 튤립이나 장미 축제처럼 잘 꾸며 놓은 정원을 보며 즐기는 축제도 있다. 그렇지만 한국 사람들은 자연 속에서 즐기는 축제를 더 좋아한다. 꽃 피는 봄, 방 안에만 있지 말고 한국 사람들처럼 꽃 축제를 구경 가는 건 어떨까? 문화 체험하는 기분으로. 매화 축제를 보려면 전라남도 광양 매화마을에 가고, 산수유 축제를 구경하려면 전라남도 구례와 경기도 여주에 가면 된다. 철쭉제는 소백산이나 지리산 같은 유명한 산에 가면 볼 수 있고, 벚꽃 축제는 여의도 윤중로 벚꽃 축제와 경상남도 진해 군항제가 유명하다. 유채꽃 축제는 제주도에서 즐길 수 있다.

 어휘

- 탐스럽다 charming, 見事だ, 賞心悦目
- 매화 apricot flower, 梅, 梅花
- 은은하다 delicate, ほのかだ, 幽微
- 색색으로 many colored, 色とりどりに, 用各种各样的颜色
- 가로수 trees lining a street, 街路樹, 林蔭樹
- 눈이 부시다 dazzling, 眩しい, 夺目
- 산수유 cornus officinalis, 山茱萸, 山茱萸
- 철쭉 royal azalea, つつじ, 山躑躅花
- 유채꽃 rape flowers, 菜の花, 油菜花

여름을 이기는 팥빙수

6월 말부터 시작된 장마가 끝났다. 이제부터는 덥고 습한 한여름 무더위가 시작된다. 빌딩 숲으로 둘러싸인 서울은 다른 도시보다 더 덥다. 이런 도심에서 여름을 시원하게 지내는 최고의 방법은 바로 팥빙수다. 더운 여름, 사각거리는 빙수는 가슴까지 시원하게 한다. 팥빙수는 얼음을 갈아서 그릇에 담고 그 위에 달콤한 팥과 과일을 얹은 여름 음식이다. 여러 가지 채소를 밥과 섞어서 먹는 비빔밥을 즐기더니 팥과 과일을 얼음과 섞어 먹는 팥빙수도 그래서 좋아하나? 그럼 언제부터 먹었을까? 조선 시대부터 한국 사람들은 여름에 빙수를 먹어 왔다고 한다. 복날이 되면 냉동 저장고에 보관해 둔 얼음을 갈아서 꿀이나 과일즙을 섞어 먹었다고 하는 것을 보니 옛날에도 얼음 저장 기술이 있었나 보다. 이렇게 오랫동안 사랑받아 온 빙수는 현대인들의 입맛에 맞게 다양해졌다. 과일만 넣은 과일 빙수, 커피를 넣은 커피 빙수, 녹차를 넣은 녹차 빙수. 여름에 한국에 오면 어디에서나 사 먹을 수 있는 빙수. 한 번쯤은 먹어 봐야 하지 않을까?

어휘

- 습하다 damp, じめじめする, 潮湿
- 팥빙수 red-bean sherbet, 小豆かき氷, 红豆沙冰
- 사각거리다 crunchy, さくさくする, 咔嚓咔嚓响
- 갈다 grind, すり砕く, 磨
- 달콤하다 sweat, 甘ったるい, 甜蜜
- 냉동 저장고 freezer, 冷凍貯蔵庫, 冷冻储存库
- 보관하다 keep, 保管する, 保管
- 기술 technology, 技術, 技术

28 산은 붉고 들은 노랗고 하늘은 파랗고

맑고 높은 가을 하늘, 시원한 바람. 전형적인 한국의 가을이다. 가을 하늘은 다른 계절에 비해 파랗고 높아서 하늘을 볼 때마다 한 폭의 그림을 보는 것 같다. 파란 하늘에 두둥실 떠가는 하얀 구름. 산에 올라가서 울긋불긋 물든 단풍을 보면 자연이 만든 아름다움에 감탄이 절로 나온다. 그래서 봄이 되면 꽃구경을 가는 것처럼 가을이 되면 단풍 구경을 가는 사람들도 많다. 낮에 모처럼 남산에 다녀왔는데 노랗게 물든 은행잎도 너무나 예쁘고, 떨어진 낙엽을 밟는 느낌도 좋았다. 남산에서 보는 단풍도 이렇게 예쁜데 단풍으로 유명한 산에서 보면 얼마나 아름다울까? 한국에서 단풍으로 유명한 곳은 속리산, 내장산, 지리산, 설악산, 덕유산 등인데 여기에서는 단풍 축제도 열린다. 가을에는 기차 여행도 해 볼 만하다. 기차를 타고 가면 익은 벼가 들판을 노랗게 물들인 풍경도 볼 수 있다. 여행사에는 기차 타고 단풍 구경 가는 상품도 있단다. 유리한테 연락해서 이번 주말에 기차 타고 단풍 구경 가자고 해야지.

어휘

- 전형적 typical, 典型的, 典型
- 폭 piece, 幅, 幅
- 울긋불긋 colorful, 色とりどり, 斑斑驳驳
- 감탄 admiration, 感嘆, 感叹
- 은행잎 ginko leaves, イチョウの葉, 银杏树叶
- 밟다 step on, 踏みしめる, 踩
- 벼가 익다 The rice is ripe, 稲が実る, 稻子熟了
- 들판 field, 平野, 田野

29 화려하고 맛있는 겨울

여느 때와는 다른 고요한 느낌 속에 눈을 떴다. 문득 창밖을 보니 온 세상이 온통 하얀 색이었다. 밤사이에 눈이 내린 것이다. 집 앞의 나무에도, 세워 놓은 자전거 위에도 눈이 소복하게 쌓였다. 뽀드득뽀드득. 아무도 걷지 않은 눈길 위를 밟는 소리가 들리는 듯하다. 겨울이 되면 사람들은 어떤 생각을 할까? 눈사람을 만들 생각으로 신 난 아이들. 영화 '러브 스토리'를 떠올리는 연인들. 눈꽃 축제, 눈썰매, 빙어 낚시 등 다양한 겨울 놀이를 계획하는 사람들. 겨울은 춥지만 신 나고 설레는 놀이로 흥분된다. 겨울은 색깔도 화려하다. 흰 눈으로 세상이 덮이면 형형색색의 전구 불빛은 더욱 화려하게 빛난다. 특히 서울 시청 앞 스케이트장과 청계천은 알록달록한 불빛으로 추운 겨울밤 사람들을 밖으로 불러낸다. 겨울에는 군것질거리도 많다. 거리 곳곳에서 군밤이나 군고구마, 붕어빵, 호떡 같은 것을 사 먹을 수 있다. 추운 겨울, 하얀 겨울, 신 나는 겨울, 화려한 겨울, 맛있는 겨울. 겨울이 주는 느낌은 정말 다양하다.

어휘

- 고요하다 silent, しんと静かだ, 安静
- 소복하다 heap up, うず高い, 暗乎乎的
- 떠올리다 bring to mind, 思い浮かばせる, 想起
- 빙어 낚시 smelt fishing, ワカサギ釣り, 釣胡瓜鱼
- 설레다 flutter, わくわくする, 激动
- 흥분되다 excited, 興奮する, 兴奋
- 형형색색 all sorts and kinds, 色とりどり, 形形色色
- 군것질 eating between meals, おやつ, 零食

Ⅲ. 바라는 마음,
　 금하는 마음

30 시험에 꼭 붙으세요

합격기원
제기엄
수능 시험
보는 동생에게
무슨 선물이
좋을까?
엿이나
찹쌀떡을 제일
많이 하지.
문제가 잘 풀리라고
휴지를 주기도
하고…….
시험을
잘 보라고
거울을 주기도
해.

　　대학 수학 능력 시험이 다가오고 있다. 하숙집 아들이 고등학교 3학년이라 시험을 보는데 많이 긴장되는 모양이다. 뭐라도 사 주고 싶어서 유리와 가게에 갔다. '합격 기원'이라고 쓰여 있는 판매대 앞에 여러 가지 선물들이 놓여 있었다. 엿, 찹쌀떡, 휴지, 포크와 도끼 모양의 초콜릿까지. 흔히 엿이나 찹쌀떡을 선물한다고 한다. 시험을 보는데 왜 엿을 선물하지? 한국어에서 '합격하다'라는 의미로 '붙다'라고 말하기도 하는데, 끈적끈적해서 어디나 잘 붙는 엿이나 찹쌀떡처럼 시험에 붙으라고 선물한다는 것이 유리의 설명이다. 그 밖에 두루마리 휴지가 풀리듯 문제가 잘 풀리라고 휴지를 선물하기도 하고, 거울을 보는 것처럼 시험을 잘 보라고 거울을 선물하기도 한다. 포크나 도끼 모양의 초콜릿도 있는데 무슨 의미인지 듣고 한참을 웃었다. 그건 바로 모르는 문제가 있으면 답을 잘 찍으라는 것! 선물을 주는 사람의 기원하는 마음도 전달되고, 잠시나마 시험에 대한 긴장도 풀게 하는 재미있는 문화인 것 같다.

 어휘

- **대학 수학 능력 시험**
  the College Scholastic Ability Test,
  大学入学試験, 高考
- **합격** success in an examination,
  合格, 合格
- **판매대** counter, 販売台, 柜台
- **엿** yeot(Korean hard taffy), 飴,
  麦芽糖
- **찹쌀떡** glutinous rice cake,
  大福, 糯米糕

- **도끼** ax, うさぎ, 斧子
- **끈적끈적하다** sticky,
  べたべたする, 黏糊糊
- **두루마리 휴지** toilet roll,
  トイレットペーパー,
  卷筒手纸
- **답을 찍다** mark answers at random,
  答えを当てる, 随便选答案

31 돼지꿈을 꾸면 복권을 사요

어젯밤 꿈에 아빠 돼지, 엄마 돼지, 아기 돼지들이 우르르 우리 집으로 들어왔다. 문득 돼지꿈을 꾸면 돈이 생긴다는 말을 들은 게 생각이 났다. 한국에서는 돼지가 재물과 복을 상징한다고 했는데. 한국에서 꾼 꿈이니까 해몽도 한국식으로. 얼른 옷을 챙겨 입고 편의점에 가서 복권을 한 장 샀다. 당첨되면 뭘 할까? 집도 사고, 차도 사고, 친구들에게도 한턱내지, 뭐. 와! 생각만 해도 기쁘다. 그러고 보니까 한국에서는 동물의 이미지에 특별한 의미를 두는 것 같다. 원앙은 사이좋은 부부를 상징하기 때문에 결혼하는 부부에게 나무로 만든 원앙을 선물한다. 소가 성실함을 의미하기 때문인지 성실한 사람에게는 '소처럼 열심히 일 한다'고 한다. 여우는 꾀가 많고 자기중심적이라고 생각해서 '여우 같은 사람'이라고 하면 꾀가 많고 얌체 같은 사람을 말한다. 그래도 '곰 같은 아내보다는 여우 같은 아내가 낫다'고 말할 때는 '얌체 같더라도 꾀가 있고 애교도 많다'는 긍정적인 의미를 갖는다. 동물들을 특별한 이미지와 함께 생각하는 것은 재미있는 것 같다.

어휘

- 재물 wealth, 財物, 財物
- 해몽 interpretation of a dream, 夢判じ, 解梦
- 원앙 mandarin duck, おしどり, 鸳鸯
- 상징하다 symbolize, 象徴する, 象征
- 성실함 sincerity, 誠実さ, 老实
- 꾀 trick, 悪知恵, 计
- 자기중심적 self-centered, 自己中心的, 自己为中心的
- 얌체 crafty person, 恥知らず, 不要脸
- 긍정적 positive, 肯定的, 肯定的

어떤 선물이 좋을까?

이번 토요일이 미나 씨 생일인데 뭐가 좋을까? 구두는 어때?
안 돼. 구두 선물하면 그걸 신고 도망간대.
그럼 지갑은?
좋지. 지갑에 돈을 넣어서 선물하면 부자가 된대.

미나 씨의 생일 선물로 뭐가 좋을까? 미나 씨가 좋아하는 예쁜 구두를 선물하면 어떨까? 그런데 김 대리가 구두를 선물하면 그 구두를 신고 도망간다는 말이 있다고 하면서 말렸다. 구두는 선물하면 안 되겠구나. 미나 씨가 도망가면 절대 안 되지. 그럼 손수건으로 할까? 그런데 또 김 대리가 하는 말이 손수건을 선물하면 눈물 흘릴 일이 생겨서 그 손수건으로 눈물을 닦게 된다고 했다. 그럼 어떤 선물이 좋을까? 꽃? 향수? 화장품? 꽃은 금방 시들어 버리고, 향수는 지난 크리스마스에 선물했고, 화장품은 내가 잘 모르고……. 아, 그래! 지갑을 선물하자. 지갑은 늘 가지고 다니니까 지갑을 볼 때마다 나를 떠올리겠지? 지갑을 선물할 때에는 지갑에 돈을 넣어서 선물한다고 김 대리가 귀띔해 주었다. 지갑에서 돈이 떨어지지 말라는 의미로 그렇게 한다는 것이다. 그럼 빳빳한 만 원짜리도 한 장 넣어서 예쁜 지갑을 선물해야지.

어휘

- 말리다 dissuade, 止める, 劝
- 절대 absolutely, 絶対, 绝对
- 닦다 wipe, 拭く, 擦
- 향수 perfume, 香水, 香水
- 화장품 cosmetic, 化粧品, 化妆品
- 시들다 wither, しおれる, 蔫

- 귀띔하다 give a hint, 耳打ちする, 透个信儿
- 빳빳하-다 stiff, ぱりっとしている, 硬铮铮

사주카페
사주카페
손금 좀 봅시다.
건강하게 오래 살겠네요.
정말요? 그걸 어떻게 알아요?
그런데 결혼은 늦게 하겠어요.
에이.
돼지띠 1983년, 연애 운 없음

오늘 시내에 갔다가 커피를 마시려고 들어간 곳이 사주 카페라는 곳이었다. '사주 카페.' 그냥 카페의 이름이라고 생각했는데 조금 독특한 곳이었다. 그곳에서 사주나 관상을 보는 사람이 돈을 받고 다른 사람의 미래나 운명을 이야기해 주고 있었다. '사주'는 태어난 날과 시간으로 사람의 인생 전체를 점치는 것이라고 한다. 사주를 가지고 서로가 잘 맞는지 보는 것이 '궁합'인데 흔히들 결혼을 앞두고 궁합을 본다고 한다. '관상'은 얼굴의 생김새로 미래를 점쳐 보는 것이고 '수상'은 손금의 모양으로 미래를 예측하는 것이라고 한다. 사주나 관상은 나이 든 사람들만 즐겨 보는 것인 줄 알았는데 여기는 커피나 차를 마시면서 점을 볼 수 있어서인지 젊은 사람들이 대부분이었다. 호기심에 나도 손금을 봤다. 건강하게 오래 살겠다는 말은 좋았는데 결혼을 늦게 할 것 같다니…… 손금 괜히 봤다. 그런데 이런 일이! 집에 와서 신문을 보는데 '오늘의 운세'가 눈에 띄었다. '돼지띠, 1983년, 연애 운 없음.' 정말 맞나?

어휘

- 사주 the horoscopic date-year, month, day, hour of birth, 四柱占い, 四柱
- 관상 physiognomic judgment of fortune, 観相, 相面
- 운명 fate, 運命, 命运
- 점(을) 치다 have one's fortune told, 占う, 占
- 궁합 marital harmony, 相性, 合婚
- 수상 read the lines of the palm 手相, 手相
- 손금 the lines of the palm 掌の線, 掌纹

34 미역국 먹었어?

오늘 내 생일이야. 저녁 식사 같이 하자.
그래? 생일 축하해. 그런데 미역국은 먹었어?
며칠 뒤...
시험 결과 나왔어?
나 또 미역국 먹었어.

며칠 전 내 생일날에 유리를 만났다. 같이 저녁을 먹자니까 유리는 "미역국은 먹었어?" 하며 인사를 한 적이 있다. 그런데 오늘은 얼마 전에 본 시험 결과가 어떻게 됐느냐는 물음에 유리는 "나 미역국 먹었어." 하며 실망스러운 표정을 지었다. 생일에도 미역국 얘기를 하더니 오늘은 시험 결과를 묻는데 또 미역국 얘기를 하네. 도대체 미역국이 뭐길래 기분이 좋았다가 나빴다가 하는 걸까? 하숙집 아주머니께 여쭤 봤더니 한국 사람들은 생일날 미역국을 먹기 때문에 생일인 친구에게 미역국 먹었느냐고 물어본다고 하셨다. 그리고 더 재미있는 것은 한국에서는 시험에 떨어지는 것을 '미역국 먹었어'라고 말한다는 것이다. 미역이 미끄럽다는 것과 시험에 떨어지는 것이 비슷하게 느껴져서 그런 것 같다. 그래서 시험 보는 날은 미역국을 비롯해 미역으로 만든 음식은 먹지도 않는다고 한다. 나도 앞으로 시험 보는 날에는 미역국 먹지 말아야지.

어휘

- 미역국 seaweed soup, ワカメスープ, 海带汤
- 실망스럽다 disappointed, がっかりした, 失望
- 표정 facial expression, 表情, 表情
- 미끄럽다 be sticky, つるつるする, 滑

죄송하지만 4층 좀 눌러 주시겠어요?
어? 4층은 어디 있지?
거기 'F'가 4층이에요.
아, F~

한국에는 4층이 없는 건물들이 있다. 계단으로 걸어 올라가는데 3층에서 5층으로 그냥 건너뛰는 경우가 있어서 이상하다고 생각한 적이 있다. 오늘은 친구 병문안을 가서 엘리베이터를 탔는데 병원 엘리베이터에서 4층 버튼이 안 보였다. 1, 2, 3, F, 5, 6……. 다른 층은 숫자로 쓰여 있는데 왜 4층만 'F'로 써 놓았을까? 소설에서 읽었던 비밀스러운 공간이라도 있는지 모른다는 엉뚱한 생각도 해 보았지만, 사실은 다른 이유가 있다고 한다. 숫자 '4'는 '사[sa]'라고 읽는데, 이것은 죽음을 의미하는 한자 '死[sa]'와 소리가 같다. 한국 사람들은 '사[sa]'에서 죽음을 연상하게 되어 건물에 4층이나 4호 등을 빼거나 'F'로 표기한다는 것이다. 한국 사람들이 '4'를 싫어하는 건 서양 사람들이 '13일의 금요일'을 싫어하는 것과 비슷한 거겠지.

어휘

- 건너뛰다 skip over, とばす, 跳过
- 버튼 button, ボタン, 钮扣
- 비밀스럽다 secret, 秘密めいた, 隐秘
- 공간 space, 空間, 空间
- 엉뚱한 unreasonable, 突拍子もない, 莫名其妙
- 연상하다 bring up the image of, 連想する, 联想
- 서양 western, 西洋, 西方

36 빨간색으로 이름을 쓰면 안 돼요

　　오늘 종이에 빨간색 펜으로 이름을 쓰는데 하숙집 아주머니가 검은색 펜을 주시면서 바꿔 쓰라고 했다. 한국 사람들은 절대로 이름을 빨간색으로 쓰지 않는다고 한다. 이름을 빨간색으로 쓰는 것은 죽은 사람을 의미하기 때문이라고 한다. 사람이 죽으면 관 뚜껑도 붉은색 천으로 덮고, 옛날에는 귀신을 쫓을 때 붉은 팥죽을 뿌리기도 했다고 한다. 그러고 보니 시험 본 것을 채점할 때나 중요한 것을 표시할 때를 제외하고는 별로 빨간색 펜을 쓰지 않는 것 같기도 하다. 한국 사람들의 빨간색에 대한 느낌을 듣고 보니 다른 색은 어떤 느낌을 주는지 궁금해졌다. 한국 친구들에게 색이 가진 이미지를 물어봤는데 하얀색은 빛이나 깨끗함, 순수함, 파란색은 물이나 바다, 시원함, 초록색은 숲과 나무, 그리고 자연, 생명, 풍성함, 검은색은 어둠과 죽음, 빨간색은 사랑과 정열, 불, 피, 죽음 등이 연상된다고 했다. 색깔마다 그 색이 가지고 있는 이미지가 있는 것 같다.

어휘

- 의미하다 stand for, 意味する, 意味着
- 관 뚜껑 coffin cover, ひつぎの蓋, 棺盖
- 천 fabric, 布, 布
- 귀신을 쫓다 drive away ghosts, 霊を追い払う, 驱鬼
- 팥죽 rice gruel boiled together with red-beans, 小豆粥, 小豆粥
- 생명 life, 生命, 生命
- 풍성함 abundance, 豊かさ, 丰盛
- 정열 passion, 情熱, 热情

Ⅳ. 즐기며 축하하며

37 한턱낼게요

과장님, 오늘 기분이 좋아 보이시네요.

몰랐어? 이번 인사에서 부장님으로 승진하셨잖아.

와, 축하드려요. 한턱내셔야겠는데요, 부장님!

좋아, 금요일에 거하게 한턱내지.

주변에서 기쁜 소식이 들려온다. 며칠 전에 하숙집 아주머니 아들이 미술 대회에서 1등을 했다고 한다. 아주머니는 하숙생들에게 한턱내신다며 갈비찜을 해 주셨다. 대학원에 다니는 내 친구는 장학금을 받게 되었다고 하길래 한턱내라고 했다. 우리 과장님은 이번 인사에서 부장으로 승진하셨다. 무척 기뻐하며 이번 주 금요일에 근사하게 한턱내겠다고 하신다. 박 대리는 결혼한 지 5년 만에 아이가 생겨 이젠 더 바랄 게 없다면서 크게 한턱낸단다. 사람들은 다른 이들의 기쁜 소식을 들으면 축하 인사와 함께 한턱내라고 한다. 그러면 그 사람들은 기꺼이 한턱을 내며 기쁨을 나누는 자리를 마련한다. 슬픔은 나누면 반이 되고, 기쁨은 나누면 두 배가 된다고 하지 않았던가. 이런 게 한국 사람들이 말하는 '정'이라는 걸까? 그나저나 금요일에는 과장님도 한턱내신다고 하고, 토요일에는 친구가 한턱낸다고 하고……. 아, 바쁘다 바빠.

어휘

- 한턱내다 treat someone, ごちそうする, 请客
- 갈비찜 steamed short ribs, カルビの煮込み料理, 炖排骨
- 장학금 scholarship, 奨学金, 奖学金
- 인사 personnel, 人事, 人事
- 승진하다 be promoted, 昇進する, 高升
- 근사하다 wonderful, 格好いい, 大方
- 정 affection, 情, 情

38 떡 드세요

하숙집 아주머니가 돌잔치에 다녀오셨다며 희고 네모난 떡을 주셨다. 돌잔치에 빠지지 않는 백설기라고 하셨다. 지난번에는 옆집에 새로 이사 온 사람이 샌드위치처럼 팥이 놓여져 있는 넓적한 떡을 가져왔다. 그 떡의 이름은 시루떡. 설날에 떡국을 먹고, 추석에 송편을 먹고. 이사하고 나서는 주변에 시루떡을 돌리는구나. 특별한 날에 먹는 떡! 무슨 특별한 의미라도 있는 것일까? 백일잔치나 돌잔치에는 아기가 하얀 백설기처럼 깨끗한 몸과 마음으로 자라기를 바라는 마음으로 백설기를 한단다. 또 아기에게 나쁜 일이 생기지 않기를 바라는 마음으로 붉은 수수팥떡을 한다. 옛날부터 한국인들은 팥의 붉은색이 나쁜 것들을 막아 준다고 생각했다. 그래서 사업을 시작할 때나 이사할 때도 팥이 들어간 시루떡을 주변 사람들에게 나누어 주기도 한다. 찰떡처럼 잘 붙으라고 시험 전에 찹쌀떡을 선물하는 것도 재미있다. 한국 사람들은 떡을 참 좋아하는 것 같다.

- **돌잔치** the celebration of a baby's first birthday, 一歳の誕生祝, 周岁筵
- **넓적하다** broad and flat, 平たい, 宽大
- **백일잔치** the party given to a hundred-day-old baby, 百日祝, 百日筵
- **백설기** steamed rice-cake, 餅の一種, 白蒸糕
- **수수팥떡** steamed rice cake garnished with adzuki beans or soy beans, モロコシ粉に小豆のさらしあんを混ぜて丸く作った餅, 高粱面和小豆沙混合后团弄的糕
- **시루떡** round-shaped rice cake made of sorghum flour adzuki bean paste, 餅を作るための穀物の粉に豆や小豆を混ぜて蒸し器で蒸した餅, 在米粉里把大豆和小豆混合后在笼屉里蒸的糕

39 이런 날에는 한복을 입어요

　　결혼을 준비하는 후배가 한복을 맞추러 가는데 함께 갔다. 친구를 따라서 나도 한복을 한번 입어 봤다. 우와, 거울 속에 우아한 내 모습이 보이네. 나도 하나 살까? 요즘 한국 사람들은 평상시에는 한복을 입지 않지만 특별한 날에는 꼭 한복을 차려입는다고 한다. 설날이나 추석에 인사를 드리러 갈 때, 돌잔치 할 때, 결혼식 할 때, 가족 중에 돌아가신 분이 있을 때처럼 말이다. 한복의 색은 다양한데, 개인의 취향에 따라서나 상황에 따라서 다른 색으로 맞추어 입는다고 한다. 결혼하는 여자는 빨간색 치마에 초록색 저고리를 입고, 신랑의 어머니는 파란색, 신부의 어머니는 분홍색의 한복을 입는다. 또 상을 당한 사람은 흰색 한복이나 검은색 한복을 입는다. 그럼 나는 므슨 색으로 할까? 내가 좋아하는 초록색으로 할까? 전통적으로 결혼 전에는 노란색 저고리에 다홍색 치마로 맞춘다고 하는데……. 고민 좀 해 보고 다시 와야지.

어휘

- 한복을 맞추다 have Hanbok custom-made, 韓服をあつらえる, 订做韩服
- 우아하다 graceful, 優雅だ, 优雅
- 평상시 normally, 普段, 平时
- 차려입다 dress up, 準備して着る, 打扮
- 취향 taste, 好み, 爱好
- 상을 당하다 be bereaved, 喪に服す, 守孝
- 다홍색 crimson, 紅色, 艳红色

40 사랑을 고백하는 특별한 날

　오늘은 2월 14일! 밸런타인데이다. 거리는 초콜릿이 가득 담긴 커다란 바구니나 초콜릿 상자를 든 연인들로 북적인다. 밸런타인데이는 여자가 좋아하는 남자에게 초콜릿을 주며 사랑을 고백하는 날이다. 남자들은 한 달 뒤에 좋아하는 여자에게 사탕을 주며 사랑을 고백한다. 그날은 3월 14일 화이트 데이. 많은 연인들은 또 사탕 바구니를 들고 데이트를 할 것이다. 초콜릿을 줄 남자도, 사탕을 받을 남자도 없는 난 이런 날이 별로 신 나지 않는다. 할 일도 없다. 결국 나는 북적이는 거리의 연인들을 피해서, 유리랑 종일 도서관에 있었다. 내가 밸런타인데이에 선물을 주고받는 것을 보고 부러워하니까 유리가 위로를 한다. 한 달 뒤 사탕을 못 받으면, 다시 한 달 뒤 자장면 먹으러 가잔다. 4월 14일. 그날은 우리 같은 사람들을 위한 날! 검은색 자장면을 먹는 블랙 데이란다. 밸런타인데이와 화이트 데이에 선물을 주지도 받지도 못한 사람들이 만나 자장면을 먹는 날이라니, 재미있는 생각이다. 연인을 위한 날만 있어야 하나, 뭐?

어휘

- 커다랗다 very big, とても大きい, 大大的
- 바구니 basket, 籠, 蓝子
- 북적이다 crowded, ごった返す, 人来人往
- 고백하다 confess, 告白する, 表白
- 피하다 avoid, 避ける, 逃避
- 종일 all day, 一日中, 整天
- 부러워하다 envy, 羨ましがる, 羨慕
- 위로 consolation, なぐさめ, 安慰

41 재미있는 기념일

> ▷ 국가에서 정한 기념일은 아니지만, 연인끼리 친구끼리 재미있게 챙기는 기념일들에는 어떤 것이 있을까?

▶ 1월 14일 다이어리 데이

한 해를 시작하는 의미로 다이어리를 선물하는 날

▶ 2월 14일 밸런타인데이

여자가 남자에게 사랑을 고백하며 초콜릿을 주는 날

▶ 3월 14일 화이트 데이

남자가 여자에게 사랑을 고백하며 사탕을  주는 날

▶ 4월 14일 블랙 데이

애인이 없는 사람들끼리 검은 옷을 입고 자장면을 먹는 날

▶ 5월 14일 옐로 데이

노란색 옷을 입고 카레를 먹으며 독신을 끝내자고 다짐하는 날

▶ 6월 14일 키스 데이
연인끼리 키스하는 날

▶ 7월 14일 실버 데이 

연인끼리 은반지를 주고받으며 영원한 사랑을 약속하는 날

▶ 8월 14일 그린 데이 

연인끼리 삼림욕을 즐기는 날

▶ 9월 14일 포토 데이 

사랑하는 사람과 사진을 찍는 날

▶ 10월 14일 와인 데이 

연인끼리 와인을 마시며 사랑을 나누는 날

▶ 11월 11일 빼빼로 데이 

친구나 연인끼리 빼빼로(초콜릿이 발린 긴 과자)를 주고받는 날

▶ 12월 14일 허그 데이 

사랑하는 사람끼리 포옹하는 날

42 한 해의 마지막 날, 종소리 들으러 가요

역시 한국에도 12월 31일 밤에는 새해를 맞이하는 특별한 행사가 있었다. 한국에서 처음 맞는 새해! 들뜬 마음으로 미나 씨에게 전화를 걸었더니 종로에서 만나자고 했다. 왜 종로에서 만날까? 저녁을 먹고 밤 9시쯤 종로 거리로 나가니 이미 거리는 사람들로 가득 차 있었다. 시간이 지날수록 사람들은 점점 더 많아져 발 디딜 틈도 없었다. 이렇게 사람이 많은데 뭐 하러 온 거지? 슬슬 짜증이 났다. 그런데 자정이 가까워지자, 무대에서는 가수들이 노래를 하고 거리에서는 풍물패들이 풍물을 치면서, 축제 분위기가 나기 시작했다. 드디어 자정. 종로 보신각에서 종소리가 들리기 시작했다. 이 소리를 '제야의 종소리'라고 한다. '제야'는 밤을 없앤다는 뜻이라고 한다. 종소리를 들으며 12월 31일 밤을 보내고 새로 1월 1일 새벽을 맞는다니. 낭만적이다. 사람들은 다 같이 제야의 종소리를 들으며 새해를 맞이했다. 나도 종소리와 함께 작년에 힘들었던 일들은 보내고 새로운 마음으로 새해를 시작해야지.

 어휘

- 맞다 welcome, 迎える, 迎接
- 들뜨다 be lighthearted, うきうきする, (心)浮
- 발 디딜 틈이 없다 no room to even set down one's foot, 足の踏み所がない, 无处插足
- 짜증나다 irritated, いらだたしい, 闹心
- 풍물을 치다 play instruments for folk music, 農楽楽器を打つ, 打农乐乐器
- 제야 New Year's Eve, 除夜, 除夕
- 낭만적 romantic, ロマンチック, 浪漫

43 오늘이 100일이에요

아침에 출근하니 책상마다 떡이 놓여 있었다. 박 대리의 아기가 백일이라 떡을 준비했다는 것이다. 늦게 일어나 아침도 못 먹어 배고팠는데 잘됐다 싶었다. 그런데 왜 태어난 지 100일 되었다고 떡을 돌리는 거지? 생일도 아니잖아. 김 대리에게 물으니 한국 사람들은 100일을 중요하게 여겨 기념한단다. 그래서 아기가 태어난 지 100일이 되면 떡을 만들어 돌리며 아기가 건강하게 자라길 기원하는 것이다. 그리고 연인들 사이에서는 만난 지 100일이 되면 선물을 주고받으면서 100일을 기념한다고도 한다. 또 대학 입학시험 같은 중요한 시험을 보기 100일 전에는 수험생들끼리 서로를 격려하며 마음가짐을 새롭게 한다고 한다. 이 이야기를 들으니 나도 100일들을 챙겨 기념해야겠다는 생각이 들었다. 내가 한국에 온 지 100일 되는 날이 언제지? 취직한 지 100일 되는 날은? 달력에 언제인지 표시해 두었다가 기념해야지.

어휘

- 떡을 돌리다 distribute rice cake, 餅を配る, 分送蛋糕
- 기념하다 commemorate, 記念する, 纪念
- 기원하다 pray, 祈る, 祝
- 수험생 examinee, 受驗生, 考生
- 격려하다 encourage, 激励する, 鼓励
- 표시하다 mark, チェックする, 表示

44 돌에는 금반지를 선물해요

퇴근을 하려고 하는데 김 대리가 박 대리 아기의 돌잔치에 갈 거냐고 물었다. 돌? stone? 오늘은 박 대리 아기의 생일이라던데. 돌잔치는 또 뭐야? 나는 미나 씨에게 전화해서 돌이 무엇인지 물어봤다. 미나 씨는 아기의 첫 번째 생일을 한국에서는 '돌'이라고 부른다고 말해 주었다. 아, 첫 번째 생일을 '돌'이라고 하는구나! 궁금증이 해결된 나는 아기 생일 선물을 사러 백화점으로 갔다. 그런데 뭘 사야 할지 그게 문제였다. 옷을 사자니 아기를 본 적이 없어 옷 사이즈를 모르겠고, 장난감을 사자니 어떤 장난감을 좋아할지 모르겠고. 한참을 고민하다 백화점 점원이 권해 준 아기 모자와 양말을 사서 식당으로 갔다. 도착해서 오늘의 주인공인 아기를 만나 보니……. 아니! 아기가 열 손가락에 모두 금반지를 끼고 있는 게 아닌가! 세상에……. 놀라는 나에게 박 대리는 한국에서는 아기 돌 때 금반지를 선물한다는 대기를 해 주었다. 한국 아기들은 정말 좋겠다. 첫 번째 생일이 지나면 다 금 부자가 되겠다.

어휘

- 돌 baby's first birthday, 一歳の誕生日, 周岁
- 돌잔치 the celebration of a baby's first birthday, 一歳の誕生祝, 周岁筵
- 궁금증 curiosity, 気掛かり, 疑惑
- 해결되다 solve, 解決する, 解決
- 고민하다 worry, 悩む, 苦悩
- 권하다 recommend, 勧める, 劝

45 부자 되세요!

얼마 전 결혼한 선배가 집들이를 한다면서 같이 수업 듣는 친구들을 모두 초대했다. 집들이는 새 집으로 이사한 사람이 이사 간 집에 친한 사람들을 초대하는 것이라고 한다. 나도 이제 집들이 초대를 받을 정도로 친한 사람이 생겼다는 게 참 기뻤다. 무슨 선물을 사는 게 좋을지 몰라 고민하다가 작은 화분 하나를 사서 선배 집에 갔다. 제일 먼저 도착한 나는 집 구경을 하고 다른 친구들을 기다렸다. 드디어 한 명씩 도착하는 친구들. 그런데 친구들 손에는 하나같이 가루비누 아니면 두루마리 휴지 같은 물건이 들려 있는 게 아닌가? 아니 한 사람도 아니고 어떻게 모두들 가루비누와 두루마리 휴지를 샀을까? 알고 보니 한국에서는 집들이 선물로 가루비누나 두루마리 휴지를 선물한다고 한다. 가루비누 거품처럼 돈이 많이 불어나고, 두루마리 휴지처럼 무슨 일이든 잘 풀리기를 바란다는 뜻이라고 한다. 선배는 몇 년 동안 가루비누랑 두루마리 휴지는 안 사도 되겠다면서 웃었다. 실용적이고 재미있는 선물이라는 생각이 든다.

- **집들이** housewarming party, 引っ越し祝い, 稳居
- **화분** flower pot, 植木鉢, 花盆
- **하나같이** as one, 一様に, 个个都
- **가루비누** powered detergent, 粉石鹼, 洗衣粉
- **두루마리 휴지** toilet roll, トイレットペーパー, 卷筒手纸
- **거품** bubble, 泡, 泡沫
- **일이 풀리다** go well, 問題が解決する, 事情解决
- **실용적** useful, 実用的, 实用

돈으로 선물해요

신부측
신랑측
어?
저 사람들은
뭐 하는 거야?
축하 편지인가?
아니. 결혼을
축하하면서
주는 돈이야.
돈?
응.
축의금이라고
하는데 일종의
품앗이지.

오늘 회사 동료의 결혼식에 갔다. 멋지게 턱시도를 차려입은 동료와 인사하고 결혼식장으로 들어가려는데 결혼식장 입구에 서 있는 사람들이 보였다. 왜 안 들어가고 서 있지? 그런데 사람들 손에는 하얀 봉투가 들려 있었다. 신랑 신부에게 전하는 축하 메시지인가? 그런데 알고 보니 돈이란다. 결혼식 때 신부의 친구들이나 친척들은 새 집에 필요한 물건을 선물하기도 하지만 대부분의 하객들은 돈으로 선물을 대신한다고 한다. 한국에서는 결혼식이나 장례식에 가서 축하나 위로를 할 때 돈을 주는 일이 흔하다. 중요한 일이나 어려운 일이 생겨서 비용이 많이 들 때 서로 돕자는 것이다. 옛날부터 한국에서는 '품앗이'라고 해서 농사를 짓거나 김장을 하는 것처럼 혼자서 하기 어려운 일을 할 때에 이웃이 서로 번갈아 가며 도와주는 풍습이 있었다고 한다. 한국 사람들은 서로를 가족처럼 여기며 살아가는 것 같다. 요즘 회사 일이 산더미처럼 쌓였는데 누가 품앗이 안 해 주려나?

어휘

- 턱시도 tuxedo, タキシード, 宴会便服
- 봉투 envelope, 袋, 信封
- 하객 wedding guests, お祝いの客, 来道贺的客人
- 흔하다 common, よくある, 有的是
- 품앗이 exchange of work, 互いに助け合うこと, 換工
- 농사를 짓다 engage in farming, 農作業をする, 种地
- 김장 make kimchi for the winter, 冬に食べるキムチを漬けること, 做冬天吃的泡菜
- 산더미 pile, 山積み, 堆积如山

Ⅴ. 일 년 중 특별한 날

새해 복 많이 받으세요

설날 아침이다. 음력 1월 1일은 한국에서 가장 큰 명절인 설날이다. 한 해를 시작하는 첫 날로 온 가족이 모여서 조상님께 차례를 지내고 부모님과 친척 어른들께 세배를 하는 날이다. 부장님은 이런 날 하숙방에 혼자 있지 말고 떡국 먹으러 오라고 하셨다. 부장님 댁은 큰집이라 시골에 사는 친척들까지도 모두 와 계셨다. 아침에 차례를 지내고 나서 아이들이 할아버지, 할머니께 세배를 했다. 세배를 받은 어른들은 덕담과 함께 세뱃돈을 주셨다. 나도 어른들께 세배를 했다. 좀 어색하게 느껴졌지만 재미있었다. 세배를 마치고 떡국을 먹었다. 떡국 한 그릇을 먹으면 나이가 한 살 많아진다고 한다. 그 말을 들은 부장님 아들은 떡국을 두 그릇을 먹겠다고 했다. 두 그릇을 먹고 빨리 8살이 되어 초등학교에 가고 싶다고 말이다. 귀엽다. 아이의 말을 들은 부장님 사모님은 나이 먹기 싫다며 자기 떡국도 먹으라고 하셔서 한바탕 웃었다. 한국에서의 설날을 외롭지 않게 보내서 더없이 기쁘다. 세뱃돈도 생기고.

어휘

- 차례를 지내다 pay respect to ancestors, 祭祀の儀式を行う, 祭拜祖先
- 세배 the New Year's greeting, 新年の挨拶, 拜年
- 떡국 rice cake soup, 雑煮, 打糕汤
- 덕담 words of blessing, 正月に交わす幸運や成功を祈る言葉, 美言
- 세뱃돈 New Year's cash gifts, お年玉, 压岁钱
- 한바탕 a gust of, ひとしきり, 一阵
- 더없이 supremely, この上なく, 无比

48 명절날 아침 일찍 차례를 지내요

▷ 설날과 추석 아침에는 무엇을 할까?

▶ 설날과 추석 아침에는 온 가족이 모여 차례를 지낸다. 설날 차례는 새해를 시작하며, 추석 차례는 풍성한 음식에 감사하며 조상님들께 인사드리는 것이다. 차례는 전날 음식을 준비해 놓은 후 명절날 아침 일찍 지내는데, 차례를 지낼 때 절은 두 번씩 한다.

▷ 차례상에는 무슨 음식을 준비할까?

▶ 차례 음식은 지역마다 조금씩 다르지만, 전, 과일, 생선, 고기는 꼭 들어간다. 특히 감, 밤, 대추, 배, 조기, 명태는 어느 지역이나 꼭 포함되는 차례 음식이다. 또한 명절마다 조금씩 다르기도 한데 추석 차례상에는 송편이 올라가고 설 차례상에는 떡국이 올라간다. 차례가 끝난 후에는 차례 음식을 먹기 좋게 잘라 온 가족이 모여 함께 아침 식사를 한다.

떡국(설)
송편(추석)
어전
어적
전
육탕
소탕
간장
어탕
식혜
숙채
포
삼색나물
대추
밤
배
감
사과
과자
향

이것 좀 먹어 봐. 오늘이 보름날이잖아.
그냥 이로 깨물어 먹는 거야.
깨물어 먹으라고요?
그래야 피부병이 안 생기지.

어이쿠! 아침에 하숙집 아주머니께서 호두랑 땅콩, 잣을 주시
면서 깨물어 먹으라고 하셨다. 나는 이가 부러지는 줄 알았다.
'부럼'이라고 하던가. 음력 1월 15일, 정월 대보름날에 호두, 잣,
땅콩과 같이 겉껍질이 딱딱한 것을 이로 깨물어 먹는데, 이렇게
하면 피부병이 생기지 않는다고 한다. 대보름날에는 '귀밝이술'
이라는 술도 마시는데, 이 술을 마시면 귀가 밝아진다고 전해진
단다. 또 이날에는 쌀, 조, 팥, 수수, 콩 등 다섯 가지 곡식으로 지
은 오곡밥을 여러 가지 나물과 같이 먹는다. 음, 이 맛은 비빔밥
과는 또 다른 맛이다. 대보름에는 먹을 것만 특별한 것이 아니다.
저녁에 텔레비전에서 보니 '쥐불놀이'라는 행사도 특이했다. 또
재미있는 것은 대보름날 다른 사람에게 '내 더위 사가라'라고 말
하면서 더위를 파는 것이다. 이날 더위를 팔면 그 해 여름에 더위
를 타지 않고 지낼 수 있다고 한다. 내 더위는 누구한테 팔까?

어휘

- 부럼 nuts eaten on the 15th of the first month of the lunar calendar, プロム, 干果
- 호두 walnut, クルミ, 核桃
- 땅콩 peanut, ピーナッツ, 花生
- 잣 pine nuts, 松の実, 松子
- 귀밝이술 ear-quickening wine, キバルギ酒, 明耳酒
- 조 millet, アワ, 粟
- 팥 adzuki beans, 小豆, 小豆
- 수수 African millet, モロコシ, 高粱
- 쥐불놀이 Catherine Wheel, チブルノリ, 野火戯
- 더위를 타다 be susceptible to summer heat, 暑さに負ける, 中暑

50 부처님 오신 날

오늘은 음력 4월 8일. 부처님 오신 날이다. 부처님 오신 날은 석가 탄신일이라고도 한다. 부처님 오신 날은 불교의 축제라고 할 수 있다. 한 달 전부터 시내 곳곳에는 등이 달리고 밤거리는 화려하게 빛났다. 서울, 부산, 광주 등 전국 각지에서 3~4일 동안 석가 탄신일을 기념하여 연등 축제를 한다. 연등 축제에서 가장 재미있는 행사는 화려한 연등 행렬이다. 서울에서 연등 행렬을 구경하기에는 종로 일대의 연등 행렬이 최고라 하여 나도 저녁 무렵 종로로 갔다. 종로 거리를 지나 조계사까지 용, 코끼리, 탑, 연꽃 등 다양한 모양의 커다란 등과 수만 개의 작은 등이 끝없이 이어진다. 그 뒤를 스님들과 한복을 곱게 입은 신도들이 각양각색의 등을 들고 차례로 지나갔다. 행렬의 가운데에는 불교 음악에 맞춰 전통 춤을 추는 사람들도 있었다. 연등 축제를 하는 곳으로 가 보니 연등마다 사람들의 소원이 적힌 종이가 매달려 있었다. 나도 연등을 보며 소원을 빌어 보았다. 올해는 꼭 남자 친구가 생기게 해 주세요.

어휘

- 등 lantern, 灯り, 灯
- 달리다 hang down, ぶら下がる, 挂着
- 연등 축제 Lotus Lantern Festival, 提灯祭り, 灯会
- 연등 행렬 Lotus Lantern Parade, 提灯行列, 花灯会
- 연꽃 lotus flower, 蓮の花, 莲花
- 곱다 beautiful, 美しい, 好看
- 신도 believers, 信徒, 信徒
- 각양각색 diversity, 十人十色, 各式各様

51 오늘은 어린이날, 아이들 세상

하늘은 푸르고 아이들도 즐겁고. 오늘은 5월 5일. 아이들이 제일 좋아하는 어린이날이다. 옛날 한국에서는 어린이들이 지금처럼 원하는 것을 마음대로 누릴 수 없었다고 들었다. 모든 가정의 일들은 어른들 중심이었다고 한다. 그러다 방정환 선생님 덕분에 어린이들을 위한 날이 만들어졌고 어린이는 대접을 받게 되었다. 한국에서는 부모들이 아이들과 함께 즐거운 시간을 보낼 수 있도록 어린이날이 공휴일이다. 이날 부모들은 아이들에게 선물을 주거나 아이들과 함께 놀이 공원 등을 찾아 즐거운 시간을 보낸다. 초등학교에서는 체육 대회 등 행사를 준비하고 청와대에서도 아이들을 초청하여 아이들이 맘껏 즐길 수 있게 한다. 이날 어린이들은 주인공이 되어 신나게 즐긴다. 그런데 아빠, 엄마들은 힘이 드는 모양이다. 막히는 교통, 사람들로 가득한 놀이 공원……. 하지만 평소 바빠서 아이들과 많은 시간을 보내지 못했던 아빠, 엄마들은 힘은 좀 들지만 아이들과 신 나게 하루를 보내니 즐거울 것 같다.

어휘

- 누리다 enjoy, 楽しむ, 享受
- 덕분에 by virtue of, おかげで, 沾了…的光
- 체육 대회 sports day, 体育大会, 运动会
- 청와대 Blue House, 青瓦台, 青瓦台
- 맘껏 as much as one likes, 思う存分, 尽情
- 주인공 hero, 主人公, 主人公

52 부모님께 감사의 마음을 전해요

아침에 출근할 때는 잘 몰랐는데 저녁에 보니 길에 카네이션을 파는 사람들이 많았다. 같이 퇴근하던 김 대리가 내일이 어버이날이란다. 어버이날. 이날은 아버지, 어머니께 감사하는 마음을 전하는 날이라고 한다. 우리나라에는 어머니날과 아버지날이 따로 있는데 한국에서는 같은 날 함께 축하해 드리는 게 보기 좋다. 어버이날에는 부모님께 카네이션을 드리거나 작은 선물을 준비해 드린다고 한다. 초등학생들은 부모님께 드릴 꽃을 만들고 부모님께 편지를 쓰기도 한단다. 아이들이 직접 만든 꽃을 받으면 기분이 얼마나 좋을까? 김 대리가 부모님께 드릴 카네이션을 산다고 해서 꽃집에 같이 갔다. 예쁘게 만들어진 꽃바구니를 고르고 있으니까 우리나라에 계신 어머니, 아버지가 생각난다. 한 달 전쯤 전화드리고는 통 연락을 못 드렸는데……. 오늘은 가서 오랜만에 편지라도 써 볼까? 한국의 어버이날을 기념하면서…….

 **어휘**

- 카네이션 carnation, カーネーション, 康乃馨
- 따로 separately, 別々に, 另
- 고르다 select, 選ぶ, 选
- 통 totally, 全く, 压根儿

선생님,
선생니 감 합니
선생님 감사합니다
선생님 감사합니다!!

오늘은 5월 15일. 한국에서는 스승의 날이다. 옛날부터 한국에서는 '선생님의 그림자도 밟지 않는다'고 말할 만큼 선생님을 존경의 대상으로 여겼다고 한다. 그래서인지 스승의 날은 축제 같아 보인다. 하숙집 아들은 어제 친구와 함께 스승의 날 준비를 한다고 분주했다. 며칠 전부터 큰 종이에 반 학생들이 돌아가며 한마디씩 쓰는 것 같더니 어제는 그 종이를 예쁘게 묶고, 선생님들께 드릴 선물과 카네이션도 사 왔다. 어떤 학교에서는 학생들에게 부담 주는 것 같다며 스승의 날 수업을 안 하고 쉬는 경우도 있다고 한다. 하지만 준비하는 아이들도 즐기는 것 같고 또 이렇게 감사의 마음을 전할 수 있는 것도 다행스럽지 않은가? 우리나라는 스승의 날이 없어서 항상 감사의 마음을 가지고 있으면서도 그런 마음을 잘 전하지 못했는데, 그런 점에서 스승의 날은 참 좋은 기회라고 생각한다. 문득 우리나라에 계신 선생님이 떠오른다. 어떻게 지내고 계실까?

어휘

- 스승 teacher, 先生, 老师
- 존경 respect, 尊敬, 尊敬
- 대상 object, 対象, 对象
- 여기다 regard, 思う, 认为
- 분주하다 busy, せわしい, 奔走
- 기회 opportunity, 機会, 机会
- 떠오르다 come across one's mind, 思い浮かぶ, 想起

54 복날에는 삼계탕을 먹어요

덥다 더워! 요즘은 날씨가 너무 더워 기운도 없고, 입맛도 없다. 점심시간이 되자 부장님이 외치셨다. "오늘 초복이지? 내가 삼계탕 살게!" 초복? 초복이 뭐지? 식당으로 가면서 김 대리에게 물으니 한국의 여름에는 아주 더운 날이 세 번 있다고 한다. 그 날을 각각 초복, 중복, 말복이라고 하는데, 초복은 본격적인 더위가 시작되는 날이고, 중복은 아주 더운 시기이며, 말복은 더위가 끝나는 날이란다. 잠깐, 그런데 삼계탕은 뜨겁잖아? 이렇게 더운 날, 뜨거운 삼계탕을 먹는다고? 이상했지만 우선 사람들을 따라 삼계탕집으로 들어갔다. 이미 삼계탕집은 사람들로 가득 차 있었다. 삼계탕을 주문하고 기다리면서 왜 더운 날 삼계탕을 먹는지 물었다. 삼계탕은 닭과 인삼, 대추, 밤 등 몸에 좋은 여러 재료들을 넣고 끓인 것이기 때문에 더운 날씨로 지친 몸에 좋다고 한다. 드디어 삼계탕이 나왔다. 땀을 흘리며 삼계탕 한 그릇을 먹고 나니 정말 힘이 나는 것 같다.

어휘

- 삼계탕 chicken soup with ginseng, 参鶏湯, 参鸡汤
- 본격적 in earnest, 本格的, 正式
- 인삼 ginseng, 高麗人参, 人参
- 대추 jujube, なつめ, 枣儿
- 밤 chestnut, 栗, 栗子
- 지치다 exhausted, へとへとになる, 疲倦
- 땀을 흘리다 sweat, 汗を流す, 流汗
- 힘이 나다 gain strength, 力が湧く, 上劲

55 마음도 음식도 풍성한 추석

오늘부터 3일간 추석 연휴이다. 3일이나 회사에 안 가도 된다는 것은 정말 좋지만 나 같은 외국인은 명절이 반갑지만은 않다. 정말 심심하다. 고향 가는 사람들로 기차표, 비행기 표도 모두 매진이라 여행도 못 갔다. 내가 심심해하니까 미나 씨가 집으로 와서 추석 음식도 먹고 같이 놀자고 한다. 미나 씨 집에는 미나 씨 친척들이 모두 와 계셨다. 미나 씨 집이 큰집이라 명절 때면 모두 여기로 모인다고 한다. 미나 씨 아버지께서 추석은 한 해 동안 농사를 지어 얻은 곡식과 과일을 나눠 먹으며 감사하는 날이라고 설명해 주셨다. 잠시 후 미나 씨 어머니께서 송편을 만들자며 반죽과 깨, 콩, 밤 등을 가져오셨다. 송편은 추석에 먹는 떡이다. 만드는 법을 배워 만들기 시작했는데, 다들 예쁘게 잘 만든다고 칭찬해 주셨다. 그러시견서 한국에는 송편을 예쁘게 만들면 예쁜 딸을 낳는다는 말이 있다고 알려주셨다. 내일은 아침 일찍 차례를 지낸다고 한다. 내일도 와서 차례도 보고 맛있는 음식도 먹어야지.

어휘

- 풍성하다 abudant, 豊かで多い, 丰盛
- 매진 sellout, 売り切れ, 卖光
- 얻다 gain, 得る, 得到
- 송편 half-moon shaped rice cake, 半月模様の餅, 半月形的糕
- 반죽 kneading, 練りこねたもの, 和面
- 깨 sesame, ごま, 芝麻
- 칭찬하다 praise, 誉める, 称赞
- 차례를 지내다 pay respect to ancestors, 祭祀の儀式を行う, 祭拜祖先

한글을 누가 만들었는지 알아요?

    길을 걷다가 갑자기 미나 씨가 오늘이 무슨 날인지 아느냐고 물었다. 오늘? 10월 9일? 우리가 처음 만난 날도 아니고, 미나 씨 생일도 아닌데……. 내가 중요한 날을 잊어버렸나? 열심히 생각하고 있는데, 미나 씨는 만 원짜리 지폐를 꺼내더니 지폐에 그려진 사람이 누구인지 아느냐고 물었다. 난 자신 있게 '세종대왕'이라고 대답했다. 그러자 미나 씨는 오늘이 '한글날'이고, '한글날'은 세종대왕이 한글을 만들어 발표한 날이라고 했다. 한글을 만들기 전까지 한국에는 글자가 없어서 한국 사람들은 한국어를 말하면서도 중국의 문자를 사용해서 글을 썼다. 그렇지만 한자는 한국어 소리와 맞지 않아 배우기 어려웠고 결국 세종대왕은 이 문제를 해결하기 위해 학자들과 함께 한글을 만들었다고 한다. 한글은 입술, 혀, 목구멍 등 소리 나는 발음 기관의 모양을 보고 만든 것이란다. 발음 기관 모양을 보고 만들었다고? 재미있는 생각이다. 만일 세종대왕이 재미있는 생각을 하지 않았다면 난 배울 게 너무 많았겠네. 갑자기 세종대왕께 고마운 마음이 들었다.

어휘

- 지폐 paper money, 紙幣, 纸币
- 발표하다 announce, 発表する, 发表
- 글자 letter, 文字, 字
- 문자 character, 文字, 文字
- 입술 lips, 唇, 嘴唇
- 혀 tongue, 舌, 舌头
- 목구멍 throat, 喉, 喉咙
- 발음 기관 vocal organs, 発音器官, 发音器官

일 년 중 밤이 가장 긴 날

22
동지
5
12
19
26
13
20
27
21
28
22
29
30
12
4
11
17
24
18
25
23
새알심은
나이 수만큼
먹는거야.
새알심
26개?

하숙집에서 아침 식사로 팥죽이 나왔다. 어? 오늘은 왜 죽을 주시지? 아주머니께 물어보니 오늘이 '동지'라고 하셨다. '동지'라면 일 년 중에 밤이 가장 긴 날이라고 들었는데 오늘이 바로 그날이구나. 동지는 보통 12월 22일인데 동지에는 팥죽을 먹는다고 한다. 팥죽의 붉은색이 귀신을 쫓는 힘이 있어서 나쁜 일을 막을 수 있다고 믿었기 때문이란다. 옛날에는 팥죽을 쑤어 방마다 갖다 놓고, 마당 등에 뿌리기도 했다고 한다. 그런데 팥죽을 자세히 들여다보니 하얀 알 같은 것이 보였다. 내가 숟가락으로 건져서 신기한 듯 이리저리 살펴보니까, 아주머니께서 찹쌀을 동그랗게 빚은 '새알심'이라고 알려주셨다. 그러면서 새알심은 자기 나이 수만큼 먹어야 한다고 하셨다. 그러면 나는 새알심을 26개나 먹어야 하잖아? 그걸 어떻게 다 먹지? 깜짝 놀라는 나를 보고 아주머니는 먹고 싶은 만큼만 먹어도 된다고 하시면서 웃으셨다. 휴, 다행이다.

어휘

- **팥죽** rice gruel boiled together with red-beans, 小豆粥, 小豆粥
- **막다** prevent, 遮る, 抵御
- **쑤다** boil, 炊く, 熬
- **건지다** scoop, すくい上げる, 捞
- **신기하다** marvelous, 物珍しい, 新奇
- **살펴보다** inspect closely, 観察する, 观望
- **동그랗다** round, 丸い, 圆
- **빚다** knead, こしらえる, 捏
- **새알심** a small dumpling in red-bean gruel, 雀の卵くらいの団子, 汤圆

메리 크리스마스!

　한 달 전부터 거리 곳곳이 크리스마스트리로 장식되고 여기저기에서 모금을 위한 빨간 구세군 자선냄비가 보였다. 곳곳에 반짝거리는 크리스마스 장식도 예쁘고 크리스마스 캐럴도 흥겨워 난 크리스마스 분위기를 좋아한다. 또한 종교에 관계없이 많은 사람들이 어려운 이웃을 도와주고 이웃과 사랑을 나누기도 한다. 유리는 어렸을 때 크리스마스이브가 되면 산타 할아버지가 오셔서 선물을 주신다고 믿었기 때문에 크리스마스가 다가오면 착한 일을 많이 했다고 한다. 지금도 한국 어린이들은 산타 할아버지의 선물을 손꼽아 기다린다고 한다. 그런데 크리스마스가 다가오니 가족이나 연인을 위한 콘서트, 뮤지컬 등도 많이 한다. 어린이만을 위한 것만이 아니라 성인들을 위한 행사도 많네. 나는 크리스마스이브에 친구들이랑 가수 K의 콘서트를 보러 가기로 했다. 가족과 떨어져 외국에 있는 데다가 남자 친구도 없어 외로웠는데, 친구들과 즐길 수 있는 크리스마스가 있어 좋다.

어휘

- 구세군 the Salvation Army, 救世軍, 救世军
- 자선냄비 charity pot, 慈善鍋, 慈善锅
- 모금 money raising, 募金, 募捐
- 흥겹다 delightful, 楽しくうきうきする, 興致勃勃
- 손꼽아 기다리다 look forward to, 指折り数えて待つ, 盼星星盼月亮
- 성인 adult, 成人, 成人

59 오늘은 빨간 날

▷ **한국의 공휴일은 언제일까?**

신정: 새해의 첫 날

1 Junuary

설날(음력 1월 1일)

삼일절: 일본으로부터 독립을
요구하며 만세를 부른 날

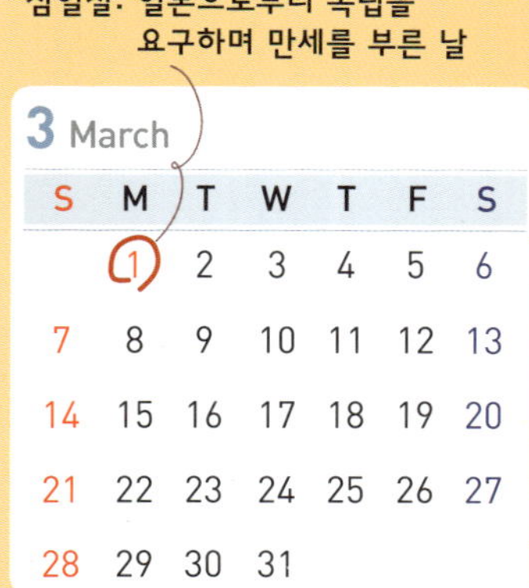

어린이날

석가 탄신일(음력 4월 8일)
: 부처님이 태어나신 날

6 June

S	M	T	W	T	F	S
		1	2	3	4	5
6	7	8	9	10	11	12
13	14	15	16	17	18	19
20	21	22	23	24	25	26
27	28	29	30	31		

8 August

S	M	T	W	T	F	S
1	2	3	4	5	6	7
8	9	10	11	12	13	14
15	16	17	18	19	20	21
22	23	24	25	26	27	28
29	30	31				

10 October

S	M	T	W	T	F	S
					1	2
3	4	5	6	7 음 8.15	8	9
10	11	12	13	14	15	16
17	18	19	20	21	22	23
24/31	25	26	27	28	29	30

추석(음력 8월 15일)

12 December

S	M	T	W	T	F	S
			1	2	3	4
5	6	7	8	9	10	11
12	13	14	15	16	17	18
19	20	21	22	23	24	25
26	27	28	29	30	31	

Ⅵ. 요람에서 무덤까지

삼칠일이 지나야 산모와 아기를 만날 수 있어요

같이 대학원 수업을 들은 선배가 며칠 전에 아기를 낳았다. 아이들을 좋아하는 나는 빨리 보고 싶어 유리에게 오늘 저녁에 같이 가 보자고 했다. 천사 같은 아기 얼굴을 볼 생각을 하니 마음이 설레기까지 했다. 그러나 유리는 나중에 가는 게 좋겠단다. 가족이 아닌 다른 사람들은 삼칠일이 지나서 가는 게 좋다고 했다. 삼칠일? 삼칠일이 뭐지? 유리가 궁금해하는 나를 위해 설명해 주었다. 삼칠일이란 7일이 3번이 되는 날, 그러니까 21일을 말한다고 한다. 옛날에는 산모와 아기가 죽는 경우가 많았는데 삼칠일이 지나면 산모도 건강을 회복하고 아기도 면역력이 생겨 위험이 적어지기 때문이라고 한다. 이 관습이 현재까지 남아 아직도 삼칠일이 지나서 가는 것을 예의라고 생각한다고 한다. 아기 얼굴을 빨리 보고 싶지만 그래도 산모와 아기를 위한 일이니 참는 수밖에……. 삼칠일이면 언제지? 달력에 표시해 두었다가 삼칠일만 지나면 만나러 가야지!

어휘

- 천사 angel, 天使, 天使
- 삼칠일 a baby's twenty-first day of life, 三七日, 三七
- 산모 a woman delivered of a baby, 産婦, 产妇
- 회복하다 recover, 回復する, 恢复
- 면역력 immunity, 免疫力, 免疫力
- 관습 custom, 慣習, 习惯
- 참다 bear, 我慢する, 忍

61 우리 아기는 커서 뭐가 될까?

오늘은 선배 아기의 돌잔치가 있다. 초대받은 손님들이 다 모이자, 사회자는 사람들에게 돌잡이를 시작할 거라고 말했다. 아기 앞에 놓인 돌상 위에 돈, 연필, 실, 쌀처럼 먹지 못하는 물건들을 올려놓고 말이다. 그런데 도대체 돌잡이가 뭐지? 궁금해하는 나에게 유리가 말해 주었다. 돌잡이는 상 위에 여러 가지 물건을 놓은 다음, 아기에게 물건을 잡게 하는 것이란다. 아기가 잡은 물건이 무엇인지를 보면 아기가 커서 어떤 사람이 될지를 알 수 있다고 한다. 아기가 연필을 잡으면 공부를 잘하고, 돈을 잡으면 나중에 부자가 된단다. 그리고 쌀을 잡으면 음식 복이 많고, 실을 잡으면 건강하게 오래 산단다. 그런데 요즘은 직업이 다양해지다 보니 마이크, 청진기, 망치 등을 더 놓기도 한단다. 마이크를 잡으면 나중에 연예인이 되고, 청진기를 잡으면 의사가 되고. 또 망치를 잡으면 법관이 된다고 한다. 이 많은 물건들 중 무엇을 잡을지 아기도 많이 고민이 될 것 같다. 오늘 아기는 무엇을 잡을까?

 어휘

- 돌잔치 the celebration of a baby's first birthday, 一歳の誕生祝, 周岁筵
- 실 string, 糸, 线
- 마이크 microphone, マイク, 麦克风
- 청진기 stethoscope, 聴診器, 听诊器
- 망치 mallet, 金槌, 大锤
- 연예인 entertainer, 芸能人, 艺人
- 법관 judge, 裁判官, 法官

62 고등학교를 졸업하면 19살

▶ 한국에서는 대개 8살에 초등학교에 입학해서 19살에 고등학교를 졸업한다. 고등학교를 졸업하면 대학교에 진학하거나 취업을 한다. 부모나 보호자는 반드시 아이를 초등학교와 중학교에 보내도록 법으로 정해 놓았다.

초등학교 6년

중학교 3년

고등학교 3년

대학교 2년이나 4년

유치원 1~2년

▶ 아이들은 대개 초등학교에 들어가기 전에 유치원에 1~2년 정도 다닌다. 요즘은 3~4살부터 놀이학교나 어린이집에 다니는 아이들도 많다.

수능, 고생 끝에 낙

어? 내일 출근 시간이 10시래.
내일 수능이 있으니까.
수능? 대학 입학시험 말이야?
응. 내일 시험만 끝나면 고생 끝이지.
수험생들은 식당하고 영화관 할인받잖아.
정말? 부럽다.

　　내일은 수능이 있는 날. 수능은 '대학 수학 능력 시험'의 줄임 말로 대학 입학시험이다. 대학에 가려는 고등학생들은 이날을 위해 정말 열심히 준비한다. 그런데 수능은 고등학생들만의 일은 아닌 듯하다. 오늘 우리 회사 홈페이지에는 수능 때문에 내일 출근 시간을 9시에서 10시로 변경한다는 공지 사항이 떴다. 수능 시험을 보는 학생들이 시험장에 늦게 도착하지 않도록, 수능 날에 직장에서는 출근 시간을 늦춘다고 한다. 뿐만 아니라 듣기 시험을 보는 시간에는 비행기도 뜨지 않는다고 한다. 공항 주변의 학교에서 시험을 보는 학생들이 소음 때문에 방해 받는 일이 없도록 하기 위해서란다. 수험생들에 대한 배려는 여기서 끝나지 않는다. 수능이 끝나면 수험생들의 세상! 수험표를 가지고 있으면 할인을 해 주는 극장이나 식당이 한둘이 아니다. 이날 하루 동안 수험생은 정말 왕처럼 대접받는 것 같다. 애썼으니 고생의 대가를 받는 것인가? 난 덕분에 1시간의 늦잠을 선물로 받았다.

어휘

- 대학 수학 능력 시험
  the College Scholastic Ability Test,
  大学入学試験, 高考
- 줄임말 abbreviation, 略語, 略语
- 변경 change, 変更, 更改
- 공지 사항 announcement,
  お知らせ, 公告事项

- 소음 noise, 騒音, 噪音
- 배려 consideration,
  配慮, 关心
- 애쓰다 make an effort,
  努力する, 用心
- 대가 compensation, 代価, 代价

성인이 되는 날

　퇴근 후 집에 가는데 길에 꽃을 들고 서 있는 남자들과 커플들이 많이 있었다. 왜 이렇게 꽃을 든 남자들이 많은 거지? 꽃을 들고 가는 커플들은 또 왜 이렇게 많아? 편의점에도 꽃바구니가 아주 많네. 어버이날도 얼마 전에 지나갔고. 그렇다고 밸런타인데이도 아닌데. 밸런타인데이나 화이트 데이 말고도 연인을 위한 날이 또 있나? 편의점 앞에 놓인 꽃바구니에는 뭔가가 써 있다. '성년의 날에 여자 친구한테 꽃을 선물하세요' 아, 오늘이 바로 성년의 날이구나! 한국에서는 매년 5월 셋째 주 월요일이 성년의 날이란다. 옛날에는 성년의 날에 남자는 갓을 쓰고, 여자는 쪽을 져서 성인이 된 것을 기념했다고 한다. 그렇지만 요즘에는 성인이 된 사람들에게 축하의 선물을 한단다. 특히 성인이 된 여자 친구한테는 남자 친구가 장미꽃과 향수를 주곤 한단다. 이제 알겠다. 학교 앞에 꽃을 들고 있던 사람들은 모두 성인이 된 여자들이거나 아니면 그 여자들의 남자 친구들이었구나. 그래서 그렇게 모두들 행복한 표정이었구나.

 어휘

- 커플 couple, カップル, 情侶
- 편의점 convenience store, コンビニ, 便利店
- 갓 traditional cylindrical Korean hat, 冠帽, 冠

- 쪽 chignon hair style knotted at the back of a woman's head, 髪を後頭部で束ねて簪をさすようにした婦人のまげ, 把头发编成辫子的模样
- 성인 adult, 成人, 成人
- 표정 facial expression, 表情, 表情

65 잘 다녀오겠습니다, 충성!

내가 제일 좋아하는 가수 K가 군대에 가게 되었다. 어제 TV에서 K의 마지막 공연을 방송해 주었다. 앞으로 2년 동안 무대에서 노래하는 모습을 볼 수 없다고 생각하니 괜히 슬퍼졌다. 한국에서는 19세 이상이 된 건강한 남자들은 학교나 직장을 잠시 쉬고 모두 군대에 가야 한다고 한다. 군대에 가게 되면 24개월 동안 군인으로 생활하게 된다. 가끔 군대 갔다 온 남학생들이 술자리에서 군대 이야기를 하는 것을 종종 듣곤 했었다. 지금은 남자들의 군대 이야기를 듣는 게 익숙해졌지만 처음에는 한국 남자들이 군대 얘기를 하는 게 신기했다. 2년 동안 힘들게 지냈다고 하면서, 그리고 다시는 가고 싶지 않다고 하면서, 왜 군대 이야기를 재미있어 하는 것일까? 나 같으던 생각도 하기 싫을 것 같은데……. 아마도 군대에서의 시간이 힘들기는 했지간 일상생활을 떠나서 하는 특별한 경험이기 때문에 그만큼 추억도 많이 생기는 것 같다. K도 그곳에서 많은 추억을 쌓겠지. 2년 후 지금보다 더 멋있는 모습으로 돌아와서 노래하는 K를 기대해 본다.

어휘

- 군대 military, 軍隊, 军队
- 방송하다 broadcast, 放送する, 播放
- 무대 stage, 舞台, 舞台
- 괜히 for nothing, なんとなく, 白白地
- 일상생활 everyday life, 日常生活, 日常生活
- 추억 remembrance, 思い出, 回忆
- 쌓다 store up, 積む, 积累

66 함 사세요!

　오늘은 후배가 함을 받는 날. 나도 초대를 받았다. 한국에서는 결혼 전에 신부에게 줄 예물이 든 함을 신랑 친구들이 가지고 신부 집에 오는 전통이 있다고 한다. 신부도 자신의 친구들을 집에 초대해서 같이 시간을 보내는데, 함을 받는 후배가 나도 초대해 준 것이다. 저녁 8시쯤, 밖에서 남자들의 큰 소리가 들렸다. "함 사세요!" 이때 신랑과 신부는 집 안에서 기다리고, 신부 친구들이 나가 흥정해서 함을 사야 한단다. 밖에 나가 보니 한 사람은 함을 지고 있었고 다른 신랑 친구들은 옆에서 소리를 질렀다. "함 사세요!" 밤에 소리를 지르면 동네 사람들이 싫어하지 않을까? 그런 걱정도 잠시, 오히려 많은 사람들이 그 광경을 구경하려고 모여들었다. 드디어 모두 집에 들어와서 함을 풀어 보는 시간! 후배의 부모님께서 함에 든 예물들을 꺼내셨다. 함에는 반지, 목걸이 같은 예물은 물론, 한복과 멋진 옷도 있었다. 와, 이렇게 많은 선물을 받다니! 결혼하는 후배가 갑자기 부러워졌다. 아, 나도 빨리 결혼하고 싶다!

 어휘

- 함 a box containing wedding present,
  結納品の入った箱, 盒子
- 예물 wedding gifts, 礼物, 礼物
- 흥정하다 bargain,
  掛け引きする, 讨价还价
- 소리를 지르다 yell,
  声を張り上げる, 喊叫
- 꺼내다 bring out, 取り出す, 拿出

결혼식과 폐백 드리기?
그건 뭐지?

드디어 후배가 결혼하는 날. 하얀 드레스를 입은 아름다운 신부와 턱시도를 입은 멋진 신랑. 정말 잘 어울리는 한 쌍이다. 결혼식이 끝나고 식당으로 가려고 하는데, 유리가 폐백을 드리는 것을 보러 가자고 했다. 폐백? 그건 뭐지? 옛날부터 결혼하는 날 신부가 미리 준비한 음식을 시댁 식구들에게 드리는 전통이 있는데, 이때 드리는 음식을 '폐백'이라그 한다고 유리가 설명해 주었다. 옛날부터 폐백을 드리면서 시댁 식구들에게 인사를 드렸는데 요즘에도 인사를 드린다고 한다. 유리를 따라 폐백실로 가니 신랑, 신부는 이미 폐백 한복을 입고 있었다. 와! 폐백 한복 정말 화려하다. 장식도 많고. 신랑, 신부는 먼저 부모님께 절을 하고 술을 따라 드렸다. 부모님께서는 대추와 밤을 신랑, 신부가 들고 있는 흰 천에다 던지셨다. 대추는 아들을, 밤은 딸을 의미하기 때문에 이것은 자식을 낳고 잘 살라는 의미가 있단다. 대추와 밤을 받으며 환하게 웃는 후배의 얼굴에서 행복이 느껴졌다.

어휘

- **폐백** making a deep bow to groom's parents and relatives after the wedding, 結婚式の後、新郎新婦が新郎の両親と親戚の目上の人達にお辞儀をすること, 婚礼后新郎和新娘向新郎的父母和亲戚拜礼

- **시댁** groom's home, 夫の家, 婆家
- **장식** decoration, 飾り, 装饰
- **던지다** toss, 投げる, 投
- **환하다** bright, 明るい, 笑眯滋滋

68 이렇게 결혼해요

▷ 상견례

▶ 결혼 전 예비 신랑과 예비 신부 그리고 양가의 부모님 혹은 가족이 모두 모여 인사하는 자리이다.

▷ 결혼 준비

▶ 남자는 집, 여자는 집에 들어가는 가전제품, 가구 등을 준비하기도 했다. 그러나 요즘은 같이 준비하기도 한다.

▷ 웨딩 촬영

▶ 결혼 전에 신랑 신부는 턱시도와 웨딩드레스, 한복을 입고 스튜디오에서 기념 촬영을 한다.

▷ 함

▶ 결혼 며칠 전에 신랑 친구들은 신부에게 줄 예물 등을 넣은 함을 지고 신부 집에 간다.

▶ 결혼식 날에는 예식이 끝난 후에 폐백을 드린다.

▶ 결혼식 후에는 신혼여행을 간다.

▶ 신부 집에서는 신랑 집에 보낼 음식을 준비하여 신랑 신부가 신혼여행에서 돌아오면 신랑 집에 보낸다.

잉어 꿈을 꾸면 아들?

　어젯밤에 꿈에서 낚시를 하는데 잉어를 잡았다. 힘이 얼마나 센지 겨우 끌어 올렸는데 세상에! 잉어가 내 키만 했다. 너무 커서 깜짝 놀라는 순간 나는 꿈에서 깼다. 꿈이 이상하기도 하고 너무 생생해서 친구들한테 이야기했더니 태몽이란다. 태몽? 태몽은 아기를 가졌을 때 꾸는 꿈 아닌가? 내가 이상해하니까 친구들은 아기 엄마, 아빠를 대신해서 다른 사람이 태몽을 꿀 수도 있다고 했다. 가족이나 친한 친구 중에 결혼한 사람이 임신했을 수도 있다는 것이다. 그럼 얼마 전어 결혼한 후배의 태몽을 내가 꾼 것이 아닐까? 그런데 재미있는 것은 태몽으로 아기가 아들인지 딸인지도 알 수 있다는 것이다. 내 꿈 이야기를 들은 친구들은 내 꿈은 아들 꿈이라고 했다. 보통 큰 동물이나 복숭아처럼 씨가 큰 과일이 나오는 꿈을 꾸면 아들을 낳고, 여러 마리의 동물이나 여러 개의 작은 과일이 나오는 꿈을 꾸면 딸을 낳는단다. 만약에 후배가 정말 임신을 한 것이라면 아들을 낳을 것이라고 말해 주어야지.

- 잉어 carp,　コイ,　鯉鱼
- 끌어 올리다 pull up,
　　　　　引き上げる,　拉上来
- 태몽 dream of conception,
　　　　妊娠の予知夢,　胎梦

- 아기를 가지다 having a baby,
　　　　　妊娠する,　怀孕
- 임신하다 become pregnant,
　　　　　妊娠する,　怀孕
- 복숭아 peach,　桃,　桃子

70 미역국은 몸에 좋대요

　나는 한국 음식을 정말 좋아한다. 불고기, 삼겹살, 비빔밥…….
생각만 해도 군침이 돈다. 하지만 미역국은 입에 잘 맞지 않는
다. 미끌미끌한 미역은 정말 별로다. 하숙집에서도 밥을 먹을
때 미역국이 나올 때가 종종 있다. 그때마다 난 미역국은 안 먹
고 반찬만 먹는다. 이것을 몇 번 본 하숙집 아주머니께서 미역국
에 대해서 이야기해 주셨다. 한국 여자들은 결혼해서 아기를 낳
으면 빠른 회복을 위해서 미역국을 매일 먹는단다. 미역국과 회
복이 빨리 되는 게 무슨 상관이 있지? 아주머니는 미역국이 칼슘
과 요오드가 풍부한 데다가 피를 맑게 하고 잘 순환하게 해 주기
때문이라고 하셨다. 여자들한티는 특히 좋은 음식인 미역국. 한
국 사람들은 생일 때도 미역국을 먹곤 한다. 그래서 생일을 맞은
사람에게 미역국을 먹었느냐고 물어보며 생일 인사를 한다고 한
다. 이래저래 미역국은 생명의 탄생과 밀접하게 연관이 있는 것
같다. 난 결혼하면 아이를 많이 낳고 싶은데……. 지금부터라도
미역국과 친해져 볼까?

- 군침이 돌다 make mouth water,
　　　　よだれが出る, 馋
- 미역국 seaweed soup,
　　　　ワカメスープ, 海带汤
- 미끌미끌하다 be sticky,
　　　　ぬるぬるする, 滑
- 풍부하다 abundant, 豊富だ, 丰富

- 순환하다 circulate, 循環する, 循环
- 이래저래 one thing or another,
　　　　あれこれ, 就那样
- 탄생 birth, 誕生, 诞生
- 밀접하다 intimate with,
　　　　密接だ, 密切
- 연관 relation, 関連, 关联

71 효도도 하고
여행도 가고

매일 야근을 했다. 주말에는 기분 전환이 좀 필요할 것 같다. 김 대리는 이번 주말에 제주도로 여행을 간다고 한다. 아버님이 환갑이 되셔서 기념으로 가족 여행을 하는 것이라고 했다. 한국에서는 60번째 생일을 '환갑'이라고 하는데, 옛날부터 60번째 생일에는 가족이나 친지들이 모여서 환갑잔치를 했다고 한다. 옛날에는 사람들이 대부분 60세까지 살지 못했기 때문에 60번째 생일을 맞이한 것을 큰 경사로 여겼던 것이다. 요즘에는 평균 수명이 길어져서 80세 이상 사시는 분들이 많아졌다. 그래서 환갑잔치를 하기보다는 여행을 가는 경우가 많아졌단다. 물론 어떤 사람들은 여행 대신 가족들과 함께 좋은 식당에 가서 좋은 음식을 먹기도 한단다. 그러고 보니 내년에 우리 어머니도 60번째 생일을 맞이하시는데……. 그럼 환갑이네. 나도 한국식으로 부모님을 모시고 여행을 가 볼까? 효도도 하고 여행도 가고! 부모님도 기뻐하실 거고 나도 좋고!

어휘

- **기분 전환** recreation, 気分転換, 散心
- **환갑** 60th birthday, 還曆, 花甲
- **친지** close acquaintance, 親しい知人, 亲戚
- **경사** happy event, 祝い事, 喜事
- **평균 수명** the average life span, 平均寿命, 平均寿命
- **효도** filial piety, 親孝行, 孝道

72 슬픔을 나눠요

　　부장님의 어머님이 돌아가셨다는 연락을 받고 동료들과 장례
식장에 갔다. 한국에서는 장례 의식을 3일 동안 치른다. 3일 동
안 가족들은 장례식장을 떠나지 않는다고 한다. 나는 장례식장
에 처음 가는 거라서 갖춰야 할 예의에 대해서 김 대리에게 여러
번 묻고 조심스럽게 장례식장으로 들어갔다. 먼저 조의금을 드
리고 방으로 들어갔다. 방에는 부장님과 그 형제들이 서 계셨다.
동료들은 먼저 부장님 어머님 사진 앞에 향을 피우고 절을 했다.
나는 절을 할 줄 몰라서 허리를 숙여서 인사를 했다. 또 종교적
인 이유로 어떤 사람들은 국화를 놓고 기도를 드리는 사람도 있
다고 들었다. 절과 인사를 하그 나서 우리들은 부장님께 인사를
했다. 옆방으로 가 보니 사람들이 모여 앉아 음식을 먹으면서 이
야기를 나누고 있었다. 장례 의식은 갈랐지만 음식을 나누고 돌
아가신 분에 대해 이야기를 하면서 슬픔을 달래는 것은 우리나
라와 비슷한 것 같다.

어휘

- 장례 의식 funeral rites,
　　葬式, 葬礼仪式
- 갖추다 be formal, 備える, 具有
- 조의금 condolence money,
　　香典, 赙仪
- 향을 피우다 burn incense,
　　香を焚く, 焚香

- 종교적 religious, 宗教的, 宗教的
- 국화 chrysanthemum,
　　菊の花, 菊花
- 슬픔을 달래다 console one's grief,
　　悲しみを和らげる,
　　消愁

Ⅶ. 말없이 말하기

73 숫자를 세어 봅시다

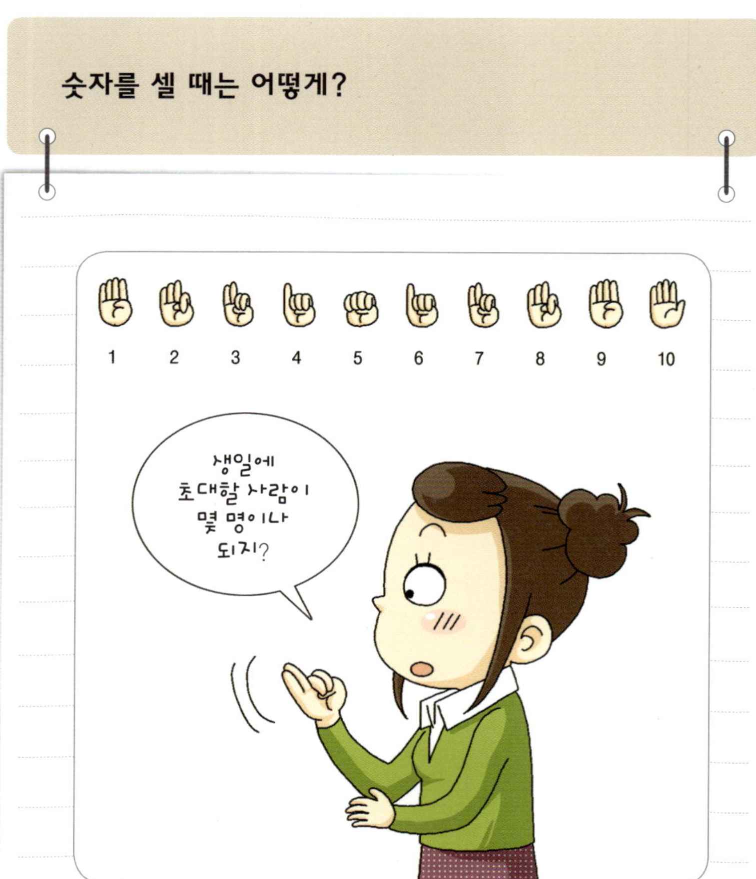

한국 사람들은 숫자를 셀 때 손을 편 상태에서 엄지부터 차례
로 하나씩 구부린다.

손가락으로 숫자를 표시할 때에는 주먹을 쥔 상태에서 검지부
터 손가락을 하나씩 편다.

74 부를 때와 자신을 가리킬 때

다른 사람을 부를 때는 어떻게?

다른 사람을 부를 때는 손등을 위로 하고 손을 위아래로 흔들어 부른다. 하지만 어른은 절대 손으로 불러서는 안 된다.

강아지를 부를 때는 어떻게?

동물을 부를 때는 손바닥을 위로 하고 네 손가락을 움직여 부른다.

한국 사람들은 자기 자신을 가리킬 때 손가락을 사용하지 않고
손을 모두 펴서 가슴에 댄다.

75 새끼손가락을 걸고 약속을 해요

약속을 하고 그 약속을 꼭 지키겠다는 뜻으로 새끼손가락을 건다.

아이들은 약속할 때 새끼손가락을 건 후에 엄지를 맞대어 도
장을 찍음으로써 지금 한 약속을 반드시 지키겠다는 뜻을 표
현하기도 한다.

76 손으로 감정을 표현할 수 있을까요?

젊은 사람들이나 청소년, 아이들은 사랑한다고 말하는 대신
손가락이나 팔로 하트를 만들어 표현하기도 한다.

누군가가 화가 났다는 것을 나타내고 싶을 때는 검지손가락으로 머리 위에 뿔 모양을 만들어 보여 준다.

77 이모티콘으로 기분을 표현해요

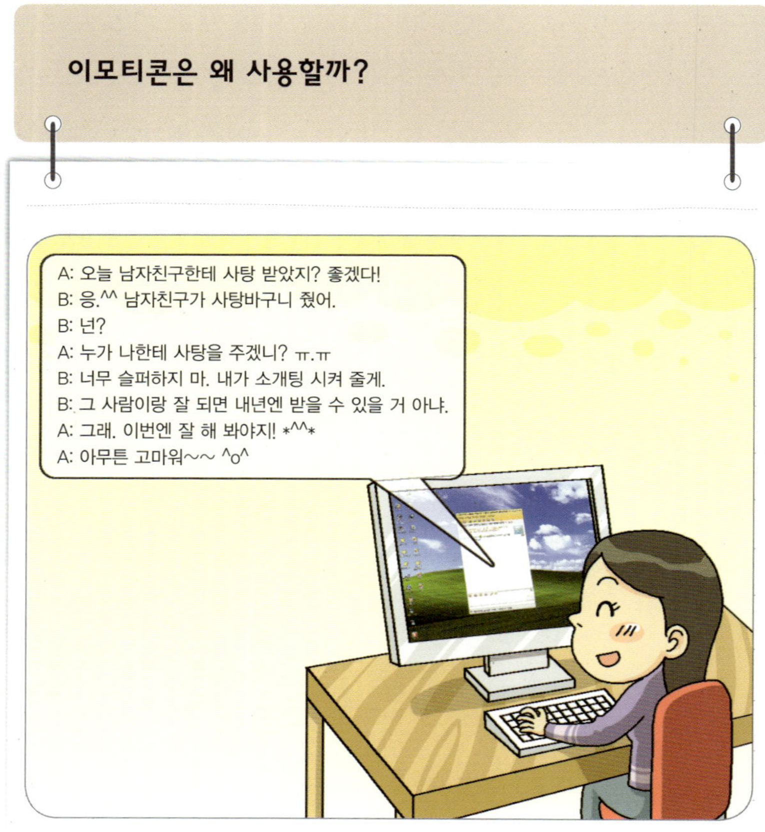

이모티콘은 영어의 'emotion'과 'icon'이 합쳐져 만들어진 말이다. 채팅을 하거나 문자 메시지를 보낼 때 이모티콘을 글과 함께 써서 기분을 표현한다.

기쁨, 웃음	➡	^^ ^_^ ^o^
슬픔, 울음	➡	ㅠ.ㅠ ㅜ.ㅜ
난처함, 당황스러움	➡	-.-;
쑥스러움	➡	^^;
부끄러움	➡	*^^*
놀람	➡	O.O

부록

11과 낙지볶음

20과 도장

20과 인주

26과 매화

26과 산수유

26과 철쭉

26과　유채꽃

27과　팥빙수

28과　은행잎

30과　엿

30과　찹쌀떡

30과　도끼

30과 45과 두루마리 휴지
31과 원앙

34과 70과 미역국
36과 57과 팥죽

37과 갈비찜
38과 44과 61과 돌잔치

38과 백설기

38과 수수팥떡

38과 시루떡

42과 풍물을 치다

45과 가루비누

47과 세배

49과 호두

49과 땅콩

49과 잣

49과 조

49과 팥

49과 수수

50과   연등 축제

50과   연꽃

51과   청와대

52과   카네이션

54과   인삼

54과   대추

54과 밤

55과 송편

55과 깨

57과 새알심

61과 실

61과 망치

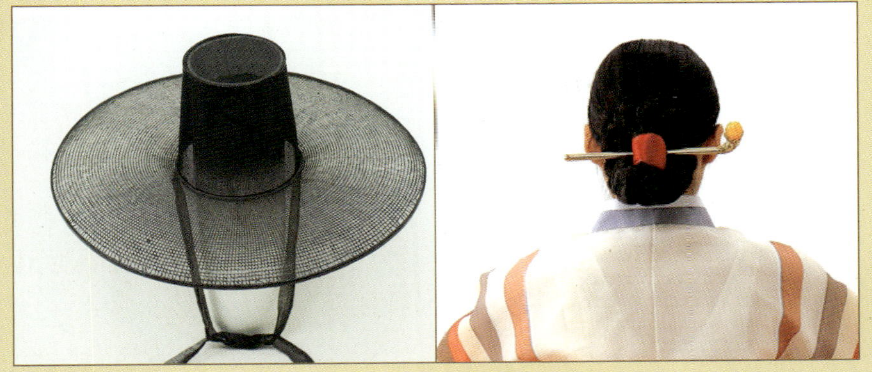

64과 갓

64과 쪽

67과 폐백

67과 복숭아

72과 향을 피우다

72과 국화

✳ 저자 약력

이해영

이화여자대학교 국어국문학과 박사
(현) 이화여자대학교 한국학과 교수
〈저서〉　『Exciting Korean Listening』1, 2 (공저)
　　　　『한국어 학습자의 중간언어 연구』(공저)
　　　　『다문화 사회, 한국』(공저)
　　　　『Korean Language in Action』(공저)

김은영

이화여자대학교 한국학과 박사 수료
(현) 미국 Duke 대학교 강사
〈저서〉　『한국어 학습자의 중간언어 연구』(공저)
　　　　『드라마로 배우는 한국어』(공저)
　　　　『Arirang Korean Basics』1, 2 (공저)

신경선

이화여자대학교 한국학과 박사과정
(현) 서울대학교 언어교육원 한국어교육센터 대우전임강사

주은경

이화여자대학교 한국학과 석사
(현) 서울대학교 언어교육원 한국어교육센터 대우전임강사
〈저서〉 『한국어 학습자의 중간언어 연구』(공저)

이정란

이화여자대학교 국제대학원 한국학과 박사
(현) 이화여자대학교 강사
〈저서〉 『한국어 학습자의 중간언어 연구』(공저)
        『초급 한국어 학습사전』(공저)
        『한국어 중급 2』(공저)

이현의

이화여자대학교 국제대학원 한국학과 박사 수료
(현) 서울대학교 언어교육원 한국어교육센터 대우전임강사
〈저서〉 『한국어 학습자의 중간언어 연구』(공저)
        『Active Korean』3, 4 (공저)

생활 속 한국 문화 77

초판발행	2011년 4월 30일
초판 10쇄	2023년 9월 10일

저자	이해영, 김은영, 신경선, 주은경, 이정란, 이현의
책임편집	권이준, 양승주, 김아영
펴낸이	엄태상
디자인	이건화
콘텐츠 제작	김선웅, 장형진, 조현준
마케팅	이승욱, 왕성석, 노원준, 조성민, 이선민
경영기획	조성근, 최성훈, 구희정, 김다미, 최수진, 오희연
물류	정종진, 윤덕현, 신승진, 구윤주

펴낸곳	한글파크
주소	서울시 종로구 자하문로 300 시사빌딩
주문 및 교재 문의	1588-1582
팩스	0502-989-9592
홈페이지	www.sisabooks.com
이메일	book_korean@sisadream.com
등록일자	2000년 8월 17일
등록번호	제300-2014-90호

ISBN	978-89-5518-942-1 14710